PATTERN DRILLS IN LANGUAGE TEACHING

PATTERN DRILLS IN LANGUAGE TEACHING

BY

JAMES ETMEKJIAN

NEW YORK · NEW YORK UNIVERSITY PRESS
LONDON · UNIVERSITY OF LONDON PRESS LIMITED
1966

PREFACE

With the dissemination and acceptance of new ideas in foreign language teaching, there has been a gradual transformation in the content and format of textbooks. Each new book attempts to put into the hands of teachers the kind of material and exercises which, in the judgment of the author, will most effectively achieve the new goals.

Nevertheless, because of limitations in scope, there is no ideal textbook. The modern textbook is a compromise among conflicting factors. If an author tried to write the ideal one from the point of view of teaching and learning, he might create a volume so bulky as to frighten teacher and student alike. Thus, even in the most modern books, the presentation of new material is mostly through sampling. It is often confined to sentences and phrases which have appeared in the dialogue or whatever introductory material is used in the lesson. Exercises are limited in number and kind. They are aimed at the average student, but the average student may vary from school to school and from community to community.

Good teachers have always supplemented the printed material with which they have had to work. In this respect, the modern teacher does not differ from his predecessor, but his task is more challenging, for the mastery of the new techniques and devices requires greater skill. It is with this in mind that the author has prepared this book.

The student who is getting ready to teach will find in it a step-by-step development of the techniques for creating and using pattern drills effectively in the teaching of French. The novice who is just stepping into the classroom will find material summarizing and adding to what he may already have learned in his methods course at college. The in-service teacher will find suggestions for supplementing the material in his book with a variety of useful drills.

Teachers of other foreign languages, while they have not been provided with drills in the languages they teach, will find the book useful, for the principles of pattern drill construction are basic regardless of the language being taught. In addition, they will find that they can use the different kinds of drills in their teaching. It will not take much effort to adapt them to their own language.

Part I is devoted to the discussion of the principles and techniques involved in the construction and use of pattern drills. Part II gives examples of various kinds of drills which may be used in the presentation, teaching, and testing of the major structures in French.

In closing, the author wishes to express his indebtedness to Professor Alfred G. Pellegrino of Southern Illinois University, with whom he first began to teach foreign language methodology in the National Defense Education Act foreign language institute at the University of Maine in the summer of 1959. Many of the ideas expressed were explored and expanded in the almost continuous discussions which were the daily fare. He also wishes to thank Professor Jacques Chicoineau of Webster College for his careful reading of the French portion of the manuscript.

James Etmekjian
University of Bridgeport
Bridgeport, Connecticut
March, 1965.

CONTENTS

PART I

I. THE NEED FOR NEW TECHNIQUES

THE "OLD" AND THE "NEW"

The increased emphasis on the spoken word in our foreign language programs has made it necessary to create new techniques. The old exercises, adequate for the needs of a different era, are being replaced by other, more effective ones. This replacement is not a matter of discarding everything "old" and accepting uncritically everything "new." It is a question of letting the goal determine the means. There are techniques and devices that are suited to developing the spoken language. There are others that develop reading or writing. It is the teacher's responsibility to select those that will achieve his goals at a given moment. The aim of this book is to put into his hands the skills he needs to teach the spoken language effectively.

THE ORAL DRILL

In the past, "oral drill" often meant an exercise which was somewhat easier than the written drill and which was done orally. It might be a fill-in like the following:

I. Supply the missing word:

    1. Il a décidé —' aller au cinéma.   2. Nous ——— revenus du magasin.

The student was expected to supply **d** for sentence 1 and **sommes** for sentence 2. This kind of exercise is useful in the teaching of language, and it should continue to be used in its proper place, but it does not develop oral proficiency. To begin with, it is a testing drill. Every item deals with and tests a different structure. It assumes that the student already knows the grammar in question or that he is able to look it up. It does not help him to achieve oral or written mastery through the repetition of one basic principle throughout the exercise. Secondly, it does violence to the spoken language by creating a gap in the middle of the sentence. The learner has to go on to the next word or group of words before he can decide what the missing word is.

That means that there is a momentary silence while the learner is making his decision. This leads to a third disadvantage: namely, destruction of the intonation pattern of the sentence.

The same disadvantages are present in one-word-translation exercises such as the following:

II. Give the French equivalent of the word in parentheses:

1. Nous regardons (that) — garçon.   2. La jeune fille porte une jupe (blue) ——.

Assuming that we are dealing with a teaching situation, the first exercise could be made into two short drills.

1. Replace **aller au cinéma** with the words below:

Teacher	Student
Example:	
Il a décidé d'aller au cinéma.	
— — ——— — appeler son ami.	Il a décidé d'**appeler son ami**.
— — ——— — étudier sa leçon.	Il a décidé d'étudier sa leçon.
— — ——— — apprendre un poème.	Il a décidé d'apprendre un poème.
— — ——— — lire un bon livre.	Il a décidé de lire un bon livre.
— — ——— — chercher ses gants,	Il a décidé de chercher ses gants.
— — ——— — chanter une chanson.	Il a décidé de chanter une chanson.

2. Replace **sommes revenus** with the appropriate form of the same verb:

Teacher	Student
Example:	
Nous sommes revenus du magasin.	
Elle — ——— — ———.	Elle **est revenue** du magasin.
Nous sommes revenus du magasin.	
Ils — ——— — ———.	Ils sont revenus du magasin.
Elles —— ——— — ———.	Elles sont revenues du magasin.
Vous —— ——— — ———.	Vous êtes revenu(s) du magasin.
Tu — ——— — ———.	Tu es revenu(e) du magasin.
Marie — ——— — ———.	Marie est revenue du magasin.
Je —— ——— — ———.	Je suis revenu(e) du magasin.
Henri et Jean —— ——— — ———.	Henri et Jean sont revenus du magasin.

Each of these exercises concentrates on one problem. The first exercise is easier than the second. One part of the sentence remains constant while a substitution is made in the other, and the item substituted is given to the student. However, the learner is repeating the item to be learned—**décider de**—with every new expression. He is saying it with the proper intonation and at a normal speed. He is memorizing **décider de**, not in a vacuum, but in a natural setting. He does not have to hesitate to see what is coming next in order to make a decision. Thus, his intonation pattern is kept intact. Ultimately, he will achieve the automatic response essential for effective speech.

The exercise on **revenir** is somewhat more difficult. In a sense it is a testing exercise, because the sequence of the verb paradigm is not followed. However, the assumption is that the verb has already been presented in class and that a repetition of the paradigm sequence will avail nothing. Once more, the concentration is on one point—the perfect tense of the verb **revenir**. **Du magasin** remains constant. The student has to furnish the forms of **revenir** that go with the given subject. Since this is a strictly oral exercise, and since the spelling of the verb form does not affect its pronunciation, a spelling problem does not exist. That can be taken up when the written form of the verb is considered.

Exercise II can be divided into the following two drills:

1. Replace the definite article with the demonstrative adjective:

Teacher	Student
Example:	
Nous regardons le garçon.	Nous regardons **ce** garçon.
J'achète le livre.	J'achète ce livre.
Nous voulons le chapeau.	Nous voulons ce chapeau.
Elle désire le manteau.	Elle désire ce manteau.
Ils étudient la leçon.	Ils étudient cette leçon.
Aimez-vous la pièce ?	Aimez-vous cette pièce ?
Préférez-vous la rose ?	Préférez-vous cette rose ?
Tu vas à l'église.	Tu vas à cette église.
Elles vont à l'école.	Elles vont à cette école.
Vois-tu l'enfant ?	Vois-tu cet enfant ?
Il travaille avec l'élève.	Il travaille avec cet élève.
L'étudiant est grand.	Cet étudiant est grand.
Les livres sont intéressants.	Ces livres sont intéressants.
Les garçons sont diligents.	Ces garçons sont diligents.

Ils regardent les roses.   Ils regardent ces roses.
Elles vont aux écoles.   Elles vont à ces écoles.
Je parle aux enfants.   Je parle à ces enfants.

2. Do the following exercise according to the example:

Teacher	Student

Example:

Le bureau est grand. Et la porte ?   La porte est **grande**.

Le garçon est grand. Et la jeune fille ?   La jeune fille est grande.
Le chandail est vert. Et la jupe ?   La jupe est verte.
Le complet est gris. Et la chemise ?   La chemise est grise.
Le buvard est bleu. Et la carte ?   La carte est bleue.
Le chapeau est rouge. Et la cravate ?   La cravate est rouge.
Le livre est jaune. Et la fleur ?   La fleur est jaune.
Les garçons sont grands. Et les jeunes filles ?   Les jeunes filles sont grandes.

Five or six additional sentences involving plural nouns and adjectives will make this a good exercise on the feminine of "regular" adjectives.

II. KINDS OF PATTERN DRILLS*

THE PATTERN DRILL

Until now, we have been discussing oral exercises. Of course, any drill can be done orally. The exercises that we have in mind are called pattern drills, and they are intended primarily for oral practice, although there is nothing to prevent them from being used also as material for written work. A pattern drill, among other things, generally concentrates on one structure, one idiom, or one kind of pronunciation problem. Thus, there can be a drill on the forms of the definite article, one on **demander quelque chose à quelqu'un** and another on liaison with **s**. This kind of drill maintains a pattern throughout. It uses one basic process in each exercise—substitution, replacement, or the changing of the form of a word. The following three exercises illustrate these points:

I. The forms of the definite article

Replace **livre** with the nouns below, making all other necessary changes:

Teacher	Student
Example:	
Je regarde le livre.	
— —— — carte.	Je regarde **la carte**.
Je regarde le livre	
— —— — crayon.	Je regarde le crayon.
— —— — buvard.	Je regarde le buvard.
— —— — stylo.	Je regarde le stylo.
— —— — garçon.	Je regarde le garçon.
— —— — professeur.	Je regarde le professeur.

* With a few exceptions, the terms used to designate kinds of pattern drills are those used by Nelson Brooks in *Language and Language Learning: Theory and Practice*, Harcourt, Brace and World, 1964.

— ——— — table.	Je regarde la table.
— ——— — carte.	Je regarde la carte.
— ——— — porte.	Je regarde la porte.
*— ——— — crayons.	Je regarde les crayons.
— ——— — buvards.	Je regarde les buvards.
— ——— — professeurs.	Je regarde les professeurs.
— ——— — tables.	Je regarde les tables.
— ——— — femmes.	Je regarde les femmes.

II. Demander quelque chose à quelqu'un

Replace **Jean** with the nouns below:

Teacher	Student

Example:

Nous demandons le livre à Jean.	
—— ———— — ——— — Marie.	Nous demandons le livre à **Marie**.

Nous demandons le livre à Jean.	
—— ———— — ——— — Jeanne.	Nous demandons le livre à Jeanne.
—— ———— — ——— — Joseph.	Nous demandons le livre à Joseph.
—— ———— — ——— — Henri.	Nous demandons le livre à Henri.
—— ———— — ——— — la jeune fille	Nous demandons le livre à la jeune fille.
—— ———— — ——— — la dame.	Nous demandons le livre à la dame.
—— ———— — ——— — l'enfant.	Nous demandons le livre à l'enfant.
—— ———— — ——— — l'élève.	Nous demandons le livre à l'élève.
—— ———— — ——— — garçon.	Nous demandons le livre au garçon.
—— ———— — ——— — profes-seur.	Nous demandons le livre au profes-seur.
**—— ———— — ——— — jeunes filles.	Nous demandons le livre aux jeunes filles.
—— ———— — ——— — élèves.	Nous demandons le livre aux élèves.
—— ———— — ——— — garçons.	Nous demandons le livre aux garçons.

III. Liaison

Replace **enfants** with the nouns below, making the necessary liaison.

---

* The teacher, in calling out the words, must say "plural" after the plural words. Otherwise, the student has no clue that a plural noun is given to him.

** Warn the student when calling out plural nouns.

Teacher	Student

Example:

Je vois mes enfants.

— —— — élèves.   Je vois mes **élèves**.

Teacher	Student
Je vois mes enfants.	
— —— — étudiants.	Je vois mes étudiants.
— —— — amis.	Je vois mes amis.
— —— — ennemis.	Je vois mes ennemis.
— —— — oncles.	Je vois mes oncles.
— —— — écharpes.	Je vois mes écharpes.
— —— — étudiantes.	Je vois mes étudiantes.

THE REPETITION DRILL

Of the many varieties of pattern drills, the repetition drill is the simplest. Thus, one may have:

Teacher	Student
Je vois le garçon.	Je vois le garçon.
Je vois le garçon et la jeune fille.	Je vois le garçon et la jeune fille.
Je vois le garçon et la jeune fille devant l'école.	Je vois le garçon et la jeune fille devant l'école.

This kind of exercise is used most frequently and profitably in the early stages of language learning, especially in practicing pronunciation and intonation. Each succeeding sentence need not be longer than the preceding one when memorizing is involved. The progressively longer sentences simply help to develop and, at the appropriate time, to test the learner's audio memory, that is, how much of what he has heard he can retain in his mind and repeat. The repetition drill can also be used to present new material.*

THE SUBSTITUTION DRILL

Sometimes a number of pattern drills are grouped under this heading, but in this book the different kinds of "substitution" are distinguished from one another. By "substitution drill" we mean the kind of exercise in which a whole series of words is substituted for a given word. The place of the word for which a substitution is made is called the "slot." In the first of the

---

* See the chapter entitled "The Function of Pattern Drills."

following examples, the place of **le livre** is the slot where the substitution is made. In the second, it is represented by **regarde**.

Teacher	Student
Je cherche le livre.	
— —— — journal.	Je cherche le journal.
— —— — cahier.	Je cherche le cahier.
— —— — gomme.	Je cherche la gomme.
— —— — carte.	Je cherche la carte.
Je regarde la leçon.	
— étudie — ——.	J'étudie la leçon.
— cherche — ——.	Je cherche la leçon.

As can be seen, the item for which a substitution is made can be a noun, a verb, or some other part of speech. In every case, however, the word substituted is the same part of speech as the word it replaces.

The substitution drill is somewhat more difficult than the verbatim repetition. The student must not only retain in his mind what has been said, but he must also insert a new word into a given slot. In the first set above, he must in addition remember the gender of the new word. This exercise, too, is well suited to the elementary stage of language study. It is also useful in the teaching (as opposed to the testing) phase of a new topic. It should be utilized immediately after the presentation, when the students are ready to begin to practice.

THE PROGRESSIVE SUBSTITUTION DRILL

This is a variation of the preceding drill in which the slot changes from item to item.

Teacher	Student
Je cherche le livre de mon ami.	
— regarde — —— — —— ——.	Je regarde le livre de mon ami.
— —— le cahier — —— ——.	Je regarde le cahier de mon ami.
— —— — —— — ton ——.	Je regarde le cahier de ton ami.
— —— — —— — —— frère.	Je regarde le cahier de ton frère.

This exercise puts a double burden on the student's memory. He has to remember the change he has made in the preceding sentence, and he must make a new one according to the cue just given to him. Strictly speaking, this is a testing rather than a teaching drill. The structural pattern is not

maintained. What is maintained is the pattern of substituting in each succeeding slot.

A more difficult version of the above results when transformation is combined with substitution.

Teacher	Student
Je cherche le livre de mon ami.	
Tu ——— — ——— — —— ———.	Tu cherches le livre de mon ami.
— regardes — ——— — —— ———.	Tu regardes le livre de mon ami.
— ——— les livres — —— ———.	Tu regardes les livres de mon ami.
— ——— —— ——— — —— sœur.	Tu regardes les livres de ma sœur.

This type of exercise, in addition to being used as a testing drill in the
early stages of language teaching, may be utilized as a game with younger
learners.

QUESTIONS AND ANSWERS

In order that a question-and-answer exercise may be considered a pattern
drill, it must follow the basic principles which apply to the latter. A series
of questions which elicit information on a variety of subjects cannot be
considered a pattern drill. The following three kinds of question-and-answer
exercises are bona fide pattern drills:

I. Questions with an affirmative answer

Answer the following questions affirmatively, placing "Oui" at the beginning:

Teacher	Student
Example:	
Êtes-vous fatigué(e)?	Oui, je suis fatigué(e).
Allez-vous à l'école?	Oui, je vais à l'école.
Prenez-vous du café au petit déjeuner?	Oui, je prends du café au petit déjeuner.
Lisez-vous votre leçon?	Oui, je lis ma leçon.

II. Questions with a negative answer

Answer the following questions negatively, placing "Non" at the beginning:

Teacher	Student
Example:	
Êtes-vous fatigué(e) ?	Non, je ne suis pas fatigué(e).
Allez-vous à l'école ?	Non, je ne vais pas à l'école.
Prenez-vous du café au petit déjeuner ?	Non, je ne prends pas de café au petit déjeuner.
Lisez-vous votre leçon ?	Non, je ne lis pas ma leçon.

In using this device, the teacher needs to indicate to the student whether he wants an affirmative or a negative answer. In order to do that, he may warn the class in advance, or he may nod for an affirmative answer and shake his head for a negative one.

III. Alternative answer

Reply to the following questions by choosing one of the possible answers:

Teacher	Student
Example:	
Prenez-vous du café ou du lait ?	Je prends du lait.
Allez-vous à l'école ou à la maison ?	Je vais à la maison.
Écrivez-vous à l'encre ou au crayon ?	J'écris à l'encre.
Aimez-vous mieux les pommes ou les poires ?	J'aime mieux les pommes.

Here the student has a choice. He may select one of the two alternatives presented to him. If the exercise is being done on an individual basis, it is well to let the student choose either of the two possible answers. On the other hand, if it is being done on a group basis, it is best to tell in advance that the first or the second of the choices is to be used in the answer. It is even possible to indicate the choice with each question by holding up one or two fingers. This gives greater variety to the drill and makes it more interesting by introducing a slight element of suspense.

These three types of questions may be used at any stage of learning. They are especially good for practicing verbs in any of the tenses. They may also be used for teaching vocabulary, idioms, and such structures as the partitive. The questions can be brief and simple or long and complicated. Hence, they can be used at various levels and stages.

SEQUENTIAL SERIES OF QUESTIONS

In this series, the questions are so arranged that they will elicit an affirmative, negative, affirmative, affirmative answer in that sequence. A visual stimulus is the point of departure of each sequence. Abstractions are possible in later stages. The sequence below assumes that a book has been placed on the table by the teacher.

Teacher	Student
Est-ce que le livre est sur la table?	Oui, le livre est sur la table.
Est-ce que le livre est sur la chaise?	Non, le livre n'est pas sur la chaise.
Où est le livre?	Le livre est sur la table.
Qu'est-ce qui est sur la table?	Le livre est sur la table.

This is especially good in the early weeks of the French course when concrete objects are being used as a means of effecting a direct association between the visual image (the object) and the verbal image (the word). The learner says **Le livre est sur la table** three times. He is repeating a correct French sentence. He is learning the meaning of **sur la table** without translating. He is responding with the same answer to three different stimuli. By answering correctly in the negative, he is showing that he understands at least partially what he is saying.

THE TRANSFORMATION DRILL

Here the student changes the form of a word or words. Those words may be nouns, pronouns, adjectives, or verbs.

1. Change the nouns to the plural:

Teacher	Student
Example:	
Nous lisons le livre	Nous lisons **les livres**
J'étudie la leçon.	J'étudie les leçons.
Il voit le cheval.	Il voit les chevaux.
Elle a gagné le prix.	Elle a gagné les prix.

2. Do the following exercise according to the example:

Teacher	Student
Example:	
L'homme est beau. Et la femme?	La femme est **belle**.

Le garçon est intelligent. Et la jeune fille ?	La jeune fille est intelligente.
L'homme est heureux. Et la femme ?	La femme est heureuse.
Les jardins sont petits. Et les maisons ?	Les maisons sont petites.

3. Change the condition to the past:

Teacher	Student
Example:	
Si j'ai de l'argent, j'irai en France.	Si j'**avais** de l'argent, j'**irais** en France.
Si nous attendons, nous le verrons.	Si nous attendions, nous le verrions.
Si vous lisez beacoup, vous apprendrez beaucoup.	Si vous lisiez beacoup, vous apprendriez beaucoup.
S'ils arrivent à l'heure, nous sortirons ensemble.	S'ils arrivaient à l'heure, nous sortirions ensemble.

The transformation drill may be used at any stage. It is probably the commonest of all drills, because the speaker, in order to express himself, must change parts of the sentence, especially if he is discussing things which affect or are related to him. Very often transformation is combined with another kind of situation. For instance, in the stimulus-response situation,

Avez-vous votre crayon ?   Oui, je l'ai.

the learner is transforming the form of **avoir** from the second person singular to the first person singular; he is adding "oui" at the beginning of the sentence; and he is replacing **crayon** with **l'**.

THE REPLACEMENT DRILL

The student replaces one unit with another. The new word is not necessarily the same part of speech as the one it replaces. However, there is a definite relationship between the replaced and the replacer. Most often, a noun or an adjective-noun combination is replaced with a pronoun, but it is also possible to replace an article with an adjective (possessive, demonstrative, or interrogative).

1. Replace the noun objects with pronoun objects:

Teacher	Student

Example:

| Je donne le livre à Jean. | Je **le lui** donne. |

Nous écrivons la lettre à Marie.	Nous la lui écrivons.
Elle raconte l'histoire à Marie.	Elle la lui raconte.
Tu lis le journal à vos parents.	Tu le leur lis.

2. Replace the possessive adjective and the noun which follows with the possessive pronoun:

Teacher	Student

Example:

| Elle a son argent. | Elle a **le sien** |

Nous lisons notre leçon.	Nous lisons la nôtre.
Tu fais tes devoirs.	Tu fais les tiens.
Elles vont à leur église.	Elles vont à la leur.

This kind of exercise has limited application because it can be used only with certain structures. When it is used depends upon when any of these structures is introduced in the program.

THE TRANSPOSITION DRILL

In this exercise, a change of position takes place as a byproduct of another process. The primary process may be replacement or a change of tense, but because of the presence of some other factor, the new word, or one that is already in the sentence, changes its place.

1. Replace the noun objects with pronoun objects:

Teacher	Student

Example:

| J'envoie le livre à mon ami. | Je **le lui** envoie. |

Nous donnons les cadeaux à nos parents.	Nous les leur donnons.
Vous dites la vérité à maman.	Vous la lui dites.
Fait-il étudier le livre à Marie ?	Le lui fait-il étudier ?

2. Change the verb to the perfect tense:

Teacher	Student
Example:	
Je ne lui parle jamais.	Je ne lui **ai** jamais **parlé**.
Nous lisons souvent.	Nous avons souvent lu.
Elle y va aussi.	Elle y est aussi allée.
Il ne se repose jamais.	Il ne s'est jamais reposé.

The transposition drill is also limited in its scope, not only because of the type of structure that lends itself to this kind of exercise but also because of the incidental nature of the process involved.

THE REJOINDER DRILL

This represents a response to a given statement. It is not an answer to a question. It is rather a comment, an observation, a polite verbal reaction to a situation. It is one of the most difficult exercises to prepare, but the type of material with which it deals is extremely important in carrying on a conversation.

Make a suitable response to the following statements:

Teacher	Student
Merci, mademoiselle.	Il n'y a pas de quoi, monsieur.
Permettez-moi de vous présenter M. Vavin.	Enchantée de faire votre connaissance, monsieur.
Il fait très chaud, n'est-ce pas ?	Oui, il fait excessivement chaud depuis quelques jours.
Je vous demande infiniment pardon de ma maladresse.	Je vous en prie, monsieur.

This exercise is suitable for use at any time. It is limited only by the amount of material mastered by the student. The difficulty of the exercise should not deter the teacher from using it because, except on rare occasions (such as "free" conversations or recitation of memorized dialogues), the learner has seldom the opportunity to make this kind of response. His lack of practice often results in his remaining silent or answering with **oui** or **non** when the situation demands a more articulate answer.

THE RESTATEMENT DRILL

Restatement consists of rephrasing an utterance in accordance with given directions.

1. Dites-moi que:

Teacher	Student
Example:	
. . . vous allez bien.	**Je vais** bien.
. . . vous êtes chez moi.	Je suis chez vous.
. . . votre frère a quinze ans.	Mon frère a quinze ans.
. . . je suis votre ami.	Vous êtes mon ami.
. . . Marie est venue vous rendre visite.	Marie est venue nous rendre visite.

2. Demandez à un ami:

Teacher	Student
Example:	
. . . pourquoi il ne parle pas.	Pourquoi **ne parles-tu pas** ?
. . . pourquoi il est en retard.	Pourquoi es-tu en retard ?
. . . pourquoi son frère n'aime pas voyager.	Pourquoi ton frère n'aime-t-il pas voyager ?
. . . s'il va bientôt en Europe.	Vas-tu bientôt en Europe ?
. . . s'il a mal à la tête.	As-tu mal à la tête ?
. . . quelle heure il est.	Quelle heure est-il ?
. . . comment s'appelle son ami.	Comment s'appelle ton ami ?

The restatement drill is a flexible device. It lends itself to rapid drill and dramatization. It helps to give variety to the recitation and to introduce an element of fun. It is excellent for drilling verbs, possessive and demonstrative adjectives and pronouns, personal pronouns, and idiomatic expressions. It may be used at any stage, because it is suited to material of varying degrees of difficulty.

THE COMPLETION DRILL

In this exercise, the student completes the sentence in terms of its meaning or according to a set pattern indicated in the directions and in the model sentence.

1. Do the following exercise according to the example:

Teacher	Student
Example:	
Ce livre-ci est bon, mais celui-là — ———.	Ce livre-ci est bon, mais celui-là **est meilleur.**
Ce tableau-ci est grand, mais celui-là — —— ———.	Ce tableau-ci est grand, mais celui-là est plus grand.
Cette jeune femme-ci est belle, mais celle-là — —— ———.	Cette jeune femme-ci est belle, mais celle-là est plus belle.
Ces pommes-ci sont bonnes, mais celles-là —— ———.	Ces pommes-ci sont bonnes, mais celles-là sont meilleures.

2. Do the following exercise according to the example:

Teacher	Student
Example:	
J'aime beacoup les poires, mais lui, — — —— ——— ——.	J'aime beaucoup les poires, mais lui, **il ne les aime pas.**
Nous connaissons Mme Dupont, mais elle — —— ——— —.	Nous connaissons Mme Dupont, mais elle ne nous connaît pas.
Elle aime chanter, mais moi, — —— — ———.	Elle aime chanter, mais moi, je n'aime pas chanter.
Je lis beaucoup, mais toi, — — —— —— ———.	Je lis beaucoup, mais toi, tu ne lis pas beaucoup.

While the completion drill fulfills most of the conditions of the pattern drill, it nevertheless suffers from some of the limitations of the completion drills discussed above. The same objectives can be achieved through other kinds of exercises.

THE EXPANSION DRILL

The expansion drill consists of the addition of new words or phrases to a given sentence.

1. Add the given negative expression to the sentence:

Teacher	Student
Example:	
Je le lis. (ne . . . pas)	Je **ne** le lis **pas.**

Nous l'entendons. (ne . . . pas)   Nous ne l'entendons pas.
Il parle. (ne . . . plus)   Il ne parle plus.
Nous travaillons de jour. (ne . . . que)   Nous ne travaillons que de jour.

2. Add the given adverb or adverbial expression to the sentence:

Teacher	Student

Example:

Elle le voit. (souvent)   Elle le voit **souvent**.

Tu écris beaucoup de lettres. (aussi)   Tu écris aussi beaucoup de lettres.
Elle nous a rencontrés ici. (souvent)   Elle nous a souvent rencontrés ici.
Ils sont partis. (déjà)   Ils sont déjà partis.
Avez-vous travaillé ? (diligemment)   Avez-vous travaillé diligemment ?

As can be seen, this exercise is best used with negatives, adverbs, and adverbial expressions. It is also used in combination with other kinds of pattern drills to teach other structures. It is a useful device but not a difficult one to prepare or to do.

THE CONTRACTION DRILL

This is essentially a replacement in which a pronoun takes the place of a phrase.

1. Replace the adverbial expression with **y**:

Teacher	Student

Example:

Il va au théâtre.   Il **y** va.

Vous êtes allé à l'école.   Vous y êtes allé.
Nous sommes restés à la maison.   Nous y sommes restés.
Elles ont envoyé les cadeaux au   Elles y ont envoyé les cadeaux.
  bureau.

2. Replace the clause after the verb with **le**:

Teacher	Student

Example:

Je croyais que vous arriveriez à l'heure.   Je **le** croyais.

Il disait qu'il voulait vous accompagner.	Il le disait.
Elle écrivait toujours qu'il viendrait nous voir.	Elle l'écrivait toujours.
Nous avons lu qu'il y a eu un tremblement de terre en Iran.	Nous l'avons lu.

Obviously, this is used only after the student has become acquainted with pronoun objects and clauses.

THE FIXED INCREMENT DRILL

In this drill (1) a phrase, a clause, or an expression is repeated after a series of other expressions, (2) a phrase, a clause, or an expression is repeated before a series of other expressions.

1. Repeat **que j'aille à la ferme** after each of the given expressions:

Teacher	Student
Example:	
Il faut . . .	Il faut **que j'aille à la ferme**.
Il est temps . . .	Il est temps que j'aille à la ferme.
Il vaut mieux . . .	Il vaut mieux que j'aille à la ferme.
Il est important . . .	Il est important que j'aille à la ferme.

2. Repeat each of the given clauses after **Il faut que**:

Teacher	Student
Example:	
. . . nous sortions maintenant.	**Il faut que** nous sortions maintenant.
. . . nous prenions le repas tout de suite.	Il faut que nous prenions le repas tout de suite.
. . . vous étudiiez beaucoup.	Il faut que vous étudiiez beaucoup.
. . . il reste ici ce soir.	Il faut qu'il reste ici ce soir.

The fixed increment drill is especially good for the teaching of the subjunctive. It is also useful in practicing the infinitive after certain expressions; the use or omission of prepositions between certain verbs and their infinitive complements; and the mastery of idiomatic expressions.

THE INTEGRATION DRILL

This drill involves combining two sentences into one.

1. Join the two sentences with the relative pronoun **qui**:

Teacher	Student
Example:	
Je vois le garçon. Il va à mon école.	Je vois le garçon **qui** va à mon école.
Nous connaissons la jeune fille. Elle parle à votre amie.	Nous connaissons la jeune fille qui parle à votre amie.
Je n'aime pas les cours. Ils ne sont pas intéressants.	Je n'aime pas les cours qui ne sont pas intéressants.
Ne regardez pas les hommes. Ils viennent vers nous.	Ne regardez pas les hommes qui viennent vers nous.

2. Join the two sentences with the appropriate relative pronoun:

Teacher	Student
Example:	
L'enfant est beau. Vous connaissez sa mère.	L'enfant **dont** vous connaissez **la** mère est beau.
La femme est ma voisine. Vous avez rencontré son mari.	La femme dont vous avez rencontré le mari est ma voisine.
Nous n'avons pas vu la dame. Vous parliez d'elle.	Nous n'avons pas vu la dame dont vous parliez.
Où est la jeune fille? Tu la cherchais.	Où est la jeune fille que tu cherchais?

The integration drill is especially good for the teaching of relative pronouns and the use of the future with certain adverbial conjunctions, such as **quand** and **aussitôt que**. It is a very good exercise, but it can become very difficult. In a purely oral situation, audio memory is of fundamental importance. Not only must the student be able to remember all that was said, but he must also make some changes in order to bring the task to a successful conclusion. Therefore, it is extremely important that great care be taken to keep the sentences short, especially at the beginning. After the student has acquired some facility in using the structure involved, the sentences can, and inevitably will, become longer and more complicated.

III. BASIC PRINCIPLES IN
PATTERN DRILL CONSTRUCTION

The construction of good pattern drills is more difficult than it may at first appear. There are certain basic principles that must be followed in making up all pattern drills, but the purpose of a given drill also imposes certain conditions that must be fulfilled. Sometimes, what is done in a testing drill seems to contradict what is considered an inviolable principle in the teaching phase. What is often permissible with the advanced student is forbidden with the beginner. In this chapter, we shall analyze the basic principles and discuss their application in various situations.

CONCENTRATION ON ONE PROBLEM AT A TIME

In a bona fide teaching pattern drill, the student's attention is centered on one problem at a time. He is required to perform one operation throughout the exercise. That operation may consist of making sentences negative by using **ne . . . pas** throughout the drill or a different negative expression with each sentence. It may require making the agreement of adjectives or changing conditional sentences from one tense to another. In other words, it may entail the performance of any of the innumerable operations required in the effective use of a language. The change required should be the only one possible. This concentration eliminates all distracting elements and thereby enables the student to master the particular point to which he has been introduced.

It is true that, in a normal situation, the speaker has to perform several operations in the same sentence automatically, but before he can put them all together he must practice them individually long enough to assure automatic responses. After this initial, indispensable phase, he will use each of the learned structures, patterns, and lexical items in newer settings and in conjunction with others. It is important that the teacher or the textbook writer make certain that initial practice in isolation be followed by practice in a larger and more difficult context.

Once he has accepted this principle, the person preparing the pattern drill needs to decide how he will subdivide the topic he is teaching. Obviously, he will not try to teach all phases of the demonstrative pronouns (**celui-ci, celui-là, ceux-ci, ceux-là, celle-ci, celle-là, celles-ci, celles-là, celui qui, celui que, celui de**, etc.) in one drill. He will, on the contrary, begin with the easiest phase. He will attempt to help the learner to master that before he goes on to the next step. He will need several drills to achieve his ultimate purpose.

CAREFUL GRADATION

The second important principle is careful gradation. The student must be led in progressive steps from the simple to the complex. The rate of advance will depend upon the learning capacity of the student. Every language teacher knows that unwarranted slowness causes boredom, and too much speed brings about linguistic indigestion. Experience and alertness will help him to judge the ability of his students and to adjust his pace to their needs and capacities.

Taking the demonstrative pronouns as an example, we would suggest the following drills for teaching purposes. We are assuming that the student already knows the demonstrative adjective, and that, having been introduced to the demonstrative pronouns, he is ready to practice.

1. Replace the demonstrative adjective and the noun which follows with the appropriate demonstrative pronoun:

Teacher	Student

Example:

J'aime mieux ce livre-ci.	J'aime mieux **celui-ci.**
Nous avons reçu ce paquet-ci.	Nous avons reçu celui-ci.
Elle achètera ce chapeau-ci.	Elle achètera celui-ci.
Vois-tu ce garçon-ci ?	Vois-tu celui-ci ?
Je connais cet homme-ci.	Je connais celui-ci.
Aimez-vous cet arbre-là ?	Aimez-vous celui-là ?
Avez-vous lu ce roman-là ?	Avez-vous lu celui-là ?
Jean a parlé à cette jeune fille-ci.	Jean a parlé à celle-ci.
Étudiez-vous avec cette élève-ci ?	Étudiez-vous avec celle-ci ?
Cette dame-là est ma tante.	Celle-là est ma tante.
Cette maison-là est à moi.	Celle-là est à moi.
Cette cravate-là est belle.	Celle-là est belle.

Jeanne va envoyer ce cadeau-ci.   Jeanne va envoyer celui-ci.
Henri regarde cette carte-là.   Henri regarde celle-là.
Anne aime beaucoup cet enfant-là.   Anne aime beaucoup celui-là.

2. Replace the demonstrative adjective and the noun which follows with the appropriate demonstrative pronoun:

Teacher	Student

Example:

Connaissez-vous ces hommes-là ?	Connaissez-vous **ceux-là** ?
Qui sont ces messieurs-ci ?	Qui sont ceux-ci ?
Avez-vous acheté ces chapeaux-ci ?	Avez-vous acheté ceux-ci ?
Tu n'as pas accepté ces cadeaux-ci.	Tu n'as pas accepté ceux-ci.
Ont-ils gagné ces prix-là ?	Ont-ils gagné ceux-là ?
À qui sont ces souliers-là ?	À qui sont ceux-là ?
Allez-vous acheter ces écharpes-ci ?	Allez-vous acheter celles-ci ?
J'aime beaucoup ces chemises-ci.	J'aime beaucoup celles-ci.
Il préfère ces chemises-là.	Il préfère celles-là.
Ces dames-là sont mes tantes.	Celles-là sont mes tantes.
Connaissez-vous les maris de ces femmes-ci ?	Connaissez-vous les maris de celles-ci ?
Ces hommes-là sont mes oncles.	Ceux-là sont mes oncles.
Cette école-ci est très grande.	Celle-ci est très grande.

3. Do the following exercise according to the example:

Teacher	Student

Example:

J'ai lu ce livre-ci et le livre qui est sur le bureau.	J'ai lu ce livre-ci et **celui** qui est sur le bureau.
J'ai écrit cette lettre-ci et la lettre qui est près de toi.	J'ai écrit cette lettre-ci et celle qui est près de toi.
Robert connaît cette jeune fille-ci et la jeune fille qui parle à Marie.	Robert connaît cette jeune fille-ci et celle qui parle à Marie.
Jacques a acheté ce livre-ci et le livre qui est ouvert.	Jacques a acheté ce livre-ci et celui qui est ouvert.

This exercise should continue until the student has worked with masculine plural nouns and feminine plural nouns followed by **qui**.

4. Do the following exercise according to the example:

Teacher	Student

Example:

Elle aime ce chapeau-ci et les chapeaux que vous voyez là-bas.

Elle aime ce chapeau-ci et **ceux** que vous voyez là-bas.

A ten or twelve-item drill following the pattern of the preceding one will help to master this particular aspect of the demonstrative pronoun.

A fifth drill of twelve to fourteen items, mixing all the different forms of the demonstrative pronouns, may be added to test the student's grasp of the topic. (See the next chapter for the distinction between a teaching and testing drill.)

In this series of five drills, there has been a gradation not only from exercise to exercise but also within a given exercise. It is impossible to overemphasize this aspect of pattern drill construction. It is necessary to bear in mind at all times that these exercises are being done orally and that, as a result, a real burden is placed on the student's memory. Overcomplicated sentences not only interfere with the student's recall mechanism but also reduce language learning to intellectual puzzle-solving. This is quite the contrary of the building of automatic responses, the basic ingredient of effective oral communication. The step-by-step gradation avoids the pitfalls of the past and leads the student through successive and successful steps to the more difficult operations.

LIMITATION OF VOCABULARY

In keeping with the principle of concentration on a limited objective in an initial learning situation, it is important that the vocabulary in structure drills be limited to the words and expressions that the class is likely to have mastered. An unfamiliar word, in addition to distracting the learner, can prevent him from understanding what he is doing, thereby preventing or retarding his progress. It can also prevent the teacher from diagnosing a student's difficulty, for he may not know whether the student's slowness in responding is due to his failure to understand the structure or to ignorance of the word. For instance, if the teacher, when working with adjectives and pronouns, uses a key word whose gender is not known to the learner, any success the latter may have is purely coincidental. If a failure occurs, the teacher cannot tell whether it is the word or the structure that is responsible for the learner's woes. He will have to try again in order to find out.

NATURALNESS OF SITUATIONS

The sentences in any exercise—whether of the pattern drill or other kind—must represent natural situations. For a number of years now, we have stopped "losing our pens in our aunt's garden," but there is still room for improvement. Since we are striving for automatic responses, we must practice those sentences that we are likely to need in everyday speech.

The pattern drill, because of its nature, presents another danger, especially where interrogative and negative sentences are involved. It would be ridiculous to ask the student to do the following:

Change the following sentences to the negative:

Teacher	Student
J'ai deux oreilles.	Je n'ai pas deux oreilles.
J'ai trois mains.	Je n'ai pas trois mains.

He practices the negative construction, but he is doing it almost in a vacuum. Why not practice with sentences that are more likely to be used in the normal communication process?

VARIETY

Variety is more than the spice of life. It is the life of the language class. Sameness brings on boredom. Many language teachers would rebel at the monotony existing in their classes if they were on the other side of the desk. Not only must one insure a variety of activity, such as memorizing, drilling, analyzing, hearing, speaking, reading, writing, and singing, but one must also make certain that there is variety in the exercises. It would be just as fatal to spend a whole period on a series of the same kind of drills as it would be to spend it on the same structure.

There is nothing deadlier than for the teacher to recite a series of problem sentences for forty-five minutes while the class recites the solutions in chorus. After a while, the class simply tires, and the recitation is less and less accurate and less and less enthusiastic. The preceding chapter has given examples of a variety of drills that can be used in various situations. The alert, imaginative teacher will use any number of them in conjunction with other kinds of activities to make his class interesting and educationally profitable.

ONE POSSIBLE ANSWER

In the case of most pattern drills, there will be only one possible answer. In other cases (the rejoinder type is one) there may be more than one unless special care is taken. In the language laboratory, where the teacher is not listening to every response by every student, and where the correct answer is given on the tape, it is essential that there be only one possible response. This is also true when group recitation is involved in the classroom. It would not be well to have problem sentences with two or three possible answers because one part of the class would say one thing while another part said another. It would make it difficult for the teacher to catch all the errors and to correct them. With only one possible answer, the teacher has greater control over the recitation. Hence, when dealing with alternative answers, it is best to indicate which alternative the teacher whishes the class to take.

With individual recitations, there is greater flexibility. As the teacher listens to each student recite, he is able to accept or reject answers according to whether or not they are correct. Thus, a rejoinder teaching drill might best be done on an individual basis.

CLARITY OF DIRECTIONS

It is essential that the student know what he is supposed to do. Otherwise, the drill is a failure. One way to make certain that the student understands what is expected of him is to give clear and concise directions. The more verbose the directions the less likely is the student to understand them. This is even more true in the laboratory, where the student receives everything from the tape. He is completely dependent upon his ability to hear and to interpret the sound images. There is no teacher whose lip movements help to reinforce the spoken words. By the time he hears the last word of the last sentence, he may have forgotten what was said in the first.

It is not always easy to formulate good directions. The nature of some topics and some types of exercise does not always lend itself to easy explanations. Sometimes the simplest thing to do is to say "Do the following exercise according to the example." We think that this should be used only as a last resort, but when it is the only alternative to long, complicated directions, it is preferable. It takes time and effort to develop the skill of giving brief directions which the learner can understand easily, but it must be done.

EXAMPLES FOR EVERY DRILL

A second helpful factor in the student's ability to understand what he is expected to do is the example. Every drill should have a good example. If it is a complicated drill, or if more than one aspect of a given topic is involved, there should be more than one example. Conscientiously formulated directions combined with good examples should in most cases guarantee understanding of the task by the student.

APPROPRIATE LENGTH

There can be no set rule for the length of pattern drills. Obviously, some topics are learned more easily than others. Some topics have more aspects that must be mastered. The number of subdivisions made by the teacher is another factor. A drill on the masculine and feminine singular of the definite article will require fewer items than one which includes the plurals as well. Perhaps it can be said with reasonable assurance that a pattern should be repeated three or four times in succession before it is abandoned in favor of another. Whether three are sufficient or four or more are required depends upon the difficulty of the subject. In the following drill, three should be adequate for the masculine and feminine singular, whereas only two each will suffice for the plurals because of the fact that there is no difference between them.

Replace **garçon** with the words below (the given words) making other necessary changes:

<table>
<tr><td></td><td>Teacher</td><td>Student</td></tr>
<tr><td>Example:</td><td></td><td></td></tr>
<tr><td colspan="2">Nous parlons au garçon.</td><td></td></tr>
<tr><td></td><td>—— —————— — — jeune fille.</td><td>Nous parlons **à la jeune fille**.</td></tr>
<tr><td></td><td>Nous parlons au garçon.</td><td></td></tr>
<tr><td></td><td>—— ————— — professeur.</td><td></td></tr>
<tr><td></td><td>—— ————— — directeur.</td><td></td></tr>
<tr><td></td><td>—— ————— — patron.</td><td></td></tr>
<tr><td></td><td>—— ————— — — dame.</td><td></td></tr>
<tr><td></td><td>—— ————— — — femme.</td><td></td></tr>
<tr><td></td><td>—— ————— — — directrice.</td><td></td></tr>
<tr><td></td><td>—— ————— — — enfant.</td><td></td></tr>
</table>

⸻ ⸻ — — élève.
⸻ ⸻ — — homme
*⸻ ⸻ ⸻ garçons.
⸻ ⸻ ⸻ professeurs.
⸻ ⸻ ⸻ dames.
⸻ ⸻ ⸻ femmes.
⸻ ⸻ — enfants.
⸻ ⸻ ⸻ élèves.
⸻ ⸻ ⸻ hommes.

On the other hand, one whole drill may be devoted to the repetition of an item like **ne . . . pas** or some small aspect of the subjunctive. This is a matter which requires the careful, experienced judgment of the teacher.

PRESENTATION OF A CHALLENGE

The principle of gradation should not lead the teacher to prepare drills so easy to do that they become wholly mechanical. The student must be challenged. The challenge has to be one which he can meet, but it must be a challenge which requires an effort. Learning is an active, not a passive, process. Whenever passiveness results, boredom sets in, the student's mind wanders, and learning vanishes. Hence, pure repetition or substitution drills in the teaching phase (as opposed to the presentation phase) are limited in value, if not wasteful in effort. The following drill is excellent for presenting the contraction of **à** plus the definite article, but it is of very little use in teaching it:

Je parle au garçon
— ⸻ au professeur.
— ⸻ au patron.
— ⸻ au directeur.
— ⸻ à la jeune fille
— ⸻ à la maîtresse.
— ⸻ à la directrice.
— ⸻ aux garçons.
— ⸻ aux professeurs.
etc.

The same drill can be made more challenging by putting it into the following format:

---

* It is necessary to say "plural" beginning with this item when doing this completely orally.

Je parle au garçon
— ——— — professeur.
— ——— — patron.
— ——— — directeur.
— ——— — jeune fille.
— ——— — maîtresse.
— ——— — directrice.
— ——— — garçons.
— ——— — professeurs.
etc.

The learner no longer repeats mechanically. He has to know the gender of the nouns given to him, and he must make contractions whenever required. He is paying close attention to what he is doing.

IV. THE FUNCTION OF THE PATTERN DRILL

Pattern drills perform three functions:

1. They present new material.
2. They "teach" the new material by providing practice after it has been presented.
3. They test the student's mastery of the material that has been presented and "taught."

Each one of these has an important bearing on the nature of the pattern drill.

PRESENTATION

The pattern drill used to present a new structure or idiom may be any one of the drills discussed in the preceding chapter. However, the student does not himself solve anything. After appropriately setting the stage, the teacher gives the problem sentence and the answer, and the student repeats them. The presentation of the personal pronoun objects would take place in the following sequence:

Teacher: Repeat after me:

> T: **Je vois le garçon.**
> S. *Je vois le garçon.*
> T. **Je le vois.**
> S: *Je le vois.*
>
> T: **Je vois le professeur.**
> S: *Je vois le professeur.*
> T: **Je le vois.**
> S: *Je le vois.*
>
> T: **Je vois le directeur.**
> S: *Je vois le directeur.*
> T: **Je le vois**
> S: *Je le vois.*

The rest of the drill would consist of the following, recited according to the above sequence:

Je vois le patron.	Je le vois.
Je vois le livre.	Je le vois.
Je vois le bureau.	Je le vois.
Je vois le crayon.	Je le vois.
Je vois la femme.	Je la vois.
Je vois la jeune fille.	Je la vois.
Je vois la dame.	Je la vois.
Je vois la carte.	Je la vois.
Je vois la craie.	Je la vois.
Je vois la porte.	Je la vois.

In some cases, instead of a problem sentence, there may be contrasting sentences. Thus, the presentation of the future with **quand, aussitôt que,** etc. may take the following form:

Contrasting Sentences

T: **Quand j'ai de l'argent, je vais en ville.**
S: *Quand j'ai de l'argent, je vais en ville.*

T: **Quand nous avons faim, nous mangeons.**
S: *Quand nous avons faim, nous mangeons.*

T: **Quand on est prêt, on sort tout de suite.**
S: *Quand on est prêt, on sort tout de suite.*

T: **Quand elle fait ses devoirs, elle est heureuse.**
S: *Quand elle fait ses devoirs, elle est heureuse.*

New Material

T: **Quand j'aurai de l'argent, j'irai en ville.**
S: *Quand j'aurai de l'argent, j'irai en ville.*

T: **Quand nous aurons faim, nous mangerons.**
S: *Quand nous aurons faim, nous mangerons.*

T: **Quand on sera prêt, on sortira tout de suite.**
S: *Quand on sera prêt, on sortira tout de suite.*

T: **Quand elle viendra, nous la verrons.**
S: *Quand elle viendra, nous la verrons.*

T: **Quand ils iront en France, ils visiteront le Louvre.**
S: *Quand ils iront en France, ils visiteront le Louvre.*

It is assumed here that the students know the forms of the future, which they have used for some time. This eliminates any preoccupation with form and concentrates on usage. The first set of sentences serves merely as review and contrast. The four pairs are more than enough to achieve their purpose. The second set brings out the different use.

The whole process is one of repetition. It is suggested that, after the repetition of the second set, an analysis be made by the teacher. This may be achieved by asking a series of questions which will lead to the formulation of the rules. The following are suggested:

1. What word begins every sentence in the first and second groups of sentences? (The student replies "**quand.**")

2. What tense of the verb is used in both parts of the sentence in the first group? (present)

3. What time is indicated by the sentences in the first group? (present)

4. What tense of the verb is used in both parts of the sentence in the second group? (future)

5. What time is indicated or implied by the sentences in the second group? (future)

6. Therefore, what tense do we use after **quand** when future time is implied? (future)

The teacher may now give the first set of sentences orally, asking the class to change them to the future. Group work may be followed by rapid individual recitation. New sentences may now be added in order to develop the students' knowledge and skill. Once the future with **quand** is mastered, **aussitôt que** may be brought in. If the teacher feels that the class is ready for it, he may even use sentences which require the imperative instead of the future in the main clause. The introduction of **aussitôt que** and the imperative need not involve the same detailed process. It is sufficient to say that **aussitôt que** behaves the same way as **quand** and continue with the drill. It is also enough to inform the class that sometimes the imperative takes the place of the future in the main clause. The important thing is that the class master the use of the future with **quand**. With that accomplished, the rest will easily fall into place.

TEACHING

The teaching or drilling phase follows the presentation. In a sense, there has been some drilling during the presentation. However, the student is more actively involved in the process during the teaching phase. He is merely given the problem sentence and asked to transform it. Some of the sentences used in the presentation may be repeated at the beginning of the second phase, but new material must be added. It is necessary to remember that the purpose of language learning is not the memorization of rigid stimulus-response patterns. It is rather the acquisition of responses which can be changed according to the demands of a given situation. It is further the mastery of structures which can apply in a large number and variety of combinations. Without this flexibility, there is no effective speech.

In preparing teaching drills, it is necessary to observe all the principles discussed in the preceding chapter. It is also essential to bear in mind that, at this stage, the student is being helped to learn. He is not being tested. He is being given successful practice so that he may master the point in question. If the drill maker has played the game properly by maintaining a given pattern (**au**, **à la**, **aux**) for three or four consecutive items, he may mix his patterns at the end of the drill. The reason for this is to keep the students on their toes and to test briefly in order to see whether further practice is necessary. Sometimes, the lazy or slow student does not really understand the pattern, but if he knows that the same pattern is being repeated three or four times, he simply falls in line after its first occurrence and recites mechanically with the rest of the class. The mixing of the patterns at the end of the exercise reveals his mastery or ignorance.

TESTING

The testing drill differs from the teaching drill in two respects: (1) it uses a greater variety of situations in which a given structure must be used; (2) it mixes the patterns so that no two consecutive items ask for the same form or pattern (**au**, **à la**, **aux**, etc.). The student can no longer assume that he will say **au** in item two simply because he said it in item one. He really has to know what he is doing and why.

The teaching drill for personal pronoun objects may take the form below:

In the following sentences, replace the noun object with the pronoun object:

Example: Je vois le crayon.
           Je **le** vois.

T: **Je vois le livre.**
S: (The student's response, which may be right or wrong.)
T: **Je le vois.**
S: *Je le vois.*

T: **Nous regardons le bureau.**
S: *———— ———————— —— —————.*
T: **Nous le regardons.**
S: *Nous le regardons.*

T: **Ils montrent le tableau.**
S: *—— ———————— —— ————.*
T: **Ils le montrent.**
S: *Ils le montrent.*

T: **Nous voyons le professeur.**
S: *———— ———————— —— —————.*
T: **Nous le voyons.**
S: *Nous le voyons.*

T: **Vous regardez le garçon.**
S: *———— ———————— —— —————.*
T: **Vous le regardez.**
S: *Vous le regardez.*

T: **Tu montres la porte.**
S: *—— ———————— —— ————.*
T: **Tu la montres.**
S: *Tu la montres.*

T: **Ils ferment la fenêtre.**
S: *—— ———————— —— —————.*
T: **Ils la ferment.**
S: *Ils la ferment.*

T: **Nous cherchons la femme.**
S: *———— ———————— —— —————.*
T: **Nous la cherchons.**
S: *Nous la cherchons.*

T: **Il regarde la jeune fille.**
S: *—— ———————— —— ———— ————.*
T: **Il la regarde.**
S: *Il la regarde.*

T: **Vous respectez la dame.**
S: *———— ———————— —— ————.*
T: **Vous la respectez.**
S: *Vous la respectez.*

T: **Vous choisissez le livre.**
S: —— ———— — ——.
T: **Vous le choisissez.**
S: *Vous le choisissez.*

T: **Tu regardes la directrice.**
S: — ———— — ————.
T: **Tu la regardes.**
S: *Tu la regardes.*

Testing Drill

Once more, replace the noun object with the pronoun object:

Example: Je vois le crayon.
           Je **le** vois.

T: **Nous regardons le tableau.**
S: —— ———— — ——.
T: **Nous le regardons.**
S: *Nous le regardons.*

T: **Ils montrent la carte.**
S: — ———— — ——.
T: **Ils la montrent.**
S: *Ils la montrent.*

T: **Elle respecte la femme.**
S: —— ———— — ——.
T: **Elle la respecte.**
S: *Elle la respecte.*

T: **Tu cherches le garçon**
S: — ———— — ——.
T: **Tu le cherches.**
S: *Tu le cherches.*

V. PATTERN DRILLS IN THE CLASSROOM AND THE LANGUAGE LABORATORY

One need not have a language laboratory or even a tape recorder in order to use pattern drills. They may be used profitably in the classroom with the teacher acting as the director. Each environment has advantages that the other cannot duplicate. It is true that in the language laboratory booth the student has complete privacy. His mistakes can be heard by no one but the teacher, who may be monitoring via the intercom at the console. This tends to do away with his inhibitions, which are a very important factor in language learning. In a library-type situation, the student can go at his own pace by repeating an item or an exercise as often as he wants or needs.

On the other hand, the classroom situation is more flexible. Drills can be done in chorus or individually. The live teacher is before the class to command attention and to make adjustments whenever the situation seems to require it. He can change from one drill to another very quickly according to the psychological and instructional factors which prevail in any situation. He does not have to go through all twelve or fifteen items of a given drill if the class seems bored or unable to cope with it. When doing drills individually rather than chorally, he may use items which permit more than one answer. This leads greater variety and interest to the class.

FORMAT OF THE PATTERN DRILL

Except for the repetition drill, all the pattern drills follow a basic format. The repetition drill has one obvious T–S (teacher-student) sequence. The teacher makes an utterance, and the student repeats it. Thus, we have:

> T: **Je le lui dirai.**
> S: *Je le lui dirai.*

Where the student, himself, has to perform an operation by way of substituting or transforming, the situation changes. It is important that the correct response be reenforced and the wrong one be corrected. One of the great advantages of the pattern drill is that it does just that. After the student has made his response, he hears the correct one given by the teacher or the voice on the tape (if he is in the laboratory). If his answer was correct, he discovers it immediately, and this prompt verification helps to reenforce it. If it was incorrect, he learns his mistake at once. He is now asked to repeat the correct answer. In this way, he does not leave a given problem without having heard and uttered the correct response at least once. The following T–S–T–S format is obtained:

T: **Nous dirons la vérité à Jean,**
S: *Nous la lui dirons (assuming that the student makes the correct response).*
T: **Nous la lui dirons.**
S: *Nous la lui dirons.*

CONDUCTING THE DRILL IN THE CLASSROOM

Well prepared drills can be successful or unsuccessful according to the manner in which they are used. For optimum results, the teacher who conducts the drills must observe certain conditions.

He must maintain a good, natural tempo in his utterances. There is a tendency on the part of some teachers to pronounce words and sentences at an unnaturally slow pace. Their hope is to accelerate the rate of speech when the student has made "sufficient" progress. Unfortunately, the point of "sufficient" progress is seldom, if ever, reached. The student's ears are geared to a certain tempo so that when he is thrown into a situation where conversation is carried on at a normal pace, he is unable to understand it. The teacher's own speech may also be patterned on the slow rate of the learner so that he speaks with painful slowness, probably thinking carefully about every word he utters. This is the antithesis of effective speech. Because the pattern drill is limited in its scope, and because the new element in each sentence is reduced to one, it lends itself very well to rapid recitation. Through constant practice, the student can learn to understand the spoken word and to speak at a normal pace, but the practice must begin with his initial contact with the foreign language.

A good tempo is also important for maintaining a crisp pace in class recitations. Everything must be done to maintain this pace. Careful gradation of drills is one way. Immediately after the presentation, the class should be given a drill that is not much more difficult than the presentation pattern. If a prompt answer is not forthcoming after the problem sentence has been given by the teacher, the response should be given and the class asked to repeat. The same item may now be repeated with the answer given promptly by the class, the correct response recited by the teacher, and the response repeated a second time by the class. The stage is set for item two and for the rest of the exercise. It is important that the teacher be enthusiastic and alert at all times. Any relaxation on his part will quickly be reflected by the class. He must listen carefully for errors. If the repetition of the correct answer is not accurate, he should say it again and require the class to repeat. If it is only one individual who is making the mistake, the teacher should try to identify him and make him say the answer correctly before continuing.

In all this, the assumption is that choral practice will precede individual practice. It is necessary that this procedure be followed most of the time. It helps the slow and the shy to join in the group recitation even when they are not sure of themselves. After they have gone through group recitation, they are more confident and ready to recite before the class. In making the transition from the group to the individual, it is well for the most part to begin with the brighter students in order to afford further opportunity to the others to grasp the material. This procedure should sometimes be varied to prevent laziness on the part of those who are called upon late. Every effort must be made to keep the class alert.

In some instances, it is advisable to call for individual recitations before choral recitations. Sometimes, this is done merely to lend variety to class activity, but it becomes a real necessity when the drill deals with a particularly difficult topic. It is useless to expect the entire class to respond correctly the first time the drill is tried. It is better for the teacher to ask a bright individual to respond, to repeat the correct answer loudly and clearly, and to have the class repeat it immediately. Having gone through the entire drill this way, the teacher may try choral recitation. The results will certainly be rewarding.

PATTERN DRILLS IN THE LABORATORY

Regardless of whether one is in a library lab or group lab situation, and whether or not the classroom teacher is conducting the work, the laboratory is a more impersonal place than the classroom. Each student works in his own booth. The teacher may communicate with him occasionally on the intercom, but most of the time he is working independently. He is receiving instructions through the machine and carrying them out, but there is no two-way communication between him and the "voice." He sees no face and no expression. He cannot ask the "voice" to stop and explain something. To be sure, if he has a question, he may buzz the console with his "panic button" and request some help from the teacher in charge, who may or may not be his own teacher.

For these reasons, the student must be well acquainted with the work he is to do before he goes to the laboratory. He must not be confronted with new material. The laboratory is a place for practice, and in most cases relatively little time is spent there. For the most efficient and effective use of this time, it is important that the student be well prepared to cope with the material with which he will be working.

The question of tempo is as important in the laboratory as it is in the classroom. There is nothing more soporific that a slowly moving recitation within the confines of a dingy or warm booth. If it is important to keep the learner alert in class, it is even more important in his booth. Unless precautions are taken to avoid it, the laboratory can become the lazy student's paradise. Hence the importance of a crisp tempo in the lab drills. It is necessary also to remember that the student will unconsciously imitate the tempo of the "voice."

The voice on the tape should be clear, natural, and alive. The intonation should be good. Although it is not easy to be enthusiastic about pattern drill sentences on a tape, it is necessary to remember the special circumstances under which the student is working, as well as the fact that he is imitating the speaker. A dull, monotonous voice is not conducive to enthusiastic, eager responses on the part of the learner. For best results, the directions on the tape should be given by one person and the drill sentences and answers by another. Whenever a situation exists where a male and female voice would be involved in real life, there should be male and female voices.

The directions on the tape must be especially clear. The examples must be vivid. Each problem must have only one solution, for the live teacher is not there to exercise judgment by accepting or rejecting alternatives. The tape gives only one correct answer. It would be confusing and time-consuming to give two or three answers to each problem. The laboratory situation must be kept as simple as possible.

When properly used, the language laboratory can be a very important adjunct of the classroom.

PART II

The purpose of the rest of this book is to furnish the teacher with examples of pattern drills that he can use in the teaching of the various structures. The drills are not intended to be complete. They are only examples and beginnings on which the teacher can expand. The most effective drills in the classroom and in the laboratory are those that are closely related to the work done by a given class. Books vary in content, difficulty, and classification of material. Drills prepared for general use necessarily encounter problems of structure and vocabulary. They may assume certain skills and knowledge which a particular class may not possess, or they may neglect others that it has acquired.

Both situations create difficulties for the teacher. Faced with the first, he has two alternatives: to teach the new material in addition to what was presented in the book, or to eliminate the unfamiliar items. The former raises certain problems. First, the exercise is not the place to introduce new material. It is an opportunity to practice what one has already met. Secondly, the introduction of new elements distracts the student and violates one of the principles of pattern drill construction. Thirdly, it overburdens the teaching-learning program. While it is good practice to deviate from the textbook when the situation demands it, it is undesirable to change things so frequently that the course becomes unduly complicated. It is better to change the textbook than to "rewrite" it.

If the teacher chooses to eliminate the unfamiliar items, he will, to all practical purposes, be rewriting much of his drill. If he is to do that, he may as well prepare the whole drill. Then he will have it exactly the way he wants it in order to meet his students' needs most effectively.

In the event that the drills fail to utilize the student's previously acquired knowledge and skill, they fail in several respects. First, they do not challenge the student. Secondly, they do not provide the variety of situations in which the learner must practice and use the new material. This is a great handicap, for language is not a series of rigidly constructed stimulus-response situations. It is rather a set of habits each of which is flexible enough to be used in many different situations. In order that these habits may become flexible, they must be practiced in changing situations where the immediate environment of the structure or pattern varies. The greater this variety, the more flexible the habit.

The first few drills under "Adjectives" will be complete in order to illustrate fully the principles discussed in Part I. Thereafter, part of a drill will be given, followed by directions for its completion. If the portion thus furnished fits into the teacher's plan, so much gained; the teacher can complete it with a minimum of effort. If not, the changes are reduced to a minimum before a drill assumes its most effective form for a given class.

I. ADJECTIVES

AGREEMENT

PRESENTATION

Adjectives are introduced rather early in the beginning course. Therefore, the teacher should make maximum use of gestures, the student's immediate environment, or pictures and drawings in order to eliminate the use of the native tongue from the classroom. He might use the following pattern if he is following the traditional explanation and approach to the agreement of adjectives:

a. Adjectives that undergo a change in pronunciation as they add -e to the masculine to form the feminine

Jean est grand.	Marie est grande.
Henri est petit.	Anne est petite.
Le garçon est intelligent.	La jeune fille est intelligente.
Le chapeau est rond.	La table est ronde.
Le pupitre est haut.	La chaise est haute.
Le crayon est vert.	La jupe est verte.
L'homme est français.	La femme est française.

On the basis of the spoken language alone, it is not difficult for the student to realize and to state that (1) the form of the adjective differs for masculine and feminine nouns, and (2) the feminine adds a final consonant sound. On a purely oral basis, the linguistic scientist would add such adjectives as **heureux-heureuse**, **gros-grosse**, and **blanc-blanche** to these adjectives. However, the more traditional approach, especially if writing is introduced early, will confine itself to the above category.

In the latter case, it is well to write the sentences on the board and to point out that the addition of the **-e** causes the final consonant to be pronounced.

The same sentences may be used for teaching the plural—oral and written.

b. Adjectives that do not undergo a change in pronunciation as they add -e to form the feminine

Le complet est bleu.	La cravate est bleue.
L'arbre est joli.	La fleur est jolie.
Étienne est gai.	Louise est gaie.
Son soulier est noir.	Sa chaussette est noire.

c. Adjectives that do not change in the feminine

Le crayon est jaune.	La jupe est jaune.
Le chandail est rouge.	La carte est rouge.
Jean est jeune.	Marie est jeune.
L'homme est riche.	La femme est riche.
L'exercice est facile.	La lecture est facile.

d. "Irregular" feminines

Le conte est long.	L'histoire est longue.
Le roman est long.	La nouvelle est longue.
Le chemin est long.	La rue est longue.
Mon oncle est beau.	Ma tante est belle.
Son ami est beau.	Sa sœur est belle.
Le tableau est beau.	L'image est belle.
Le repas est bon.	La viande est bonne.
Le pain est bon.	La salade est bonne.
Son fils est bon.	Sa fille est bonne.

Other adjectives that may be drilled in the above manner:

gentil	gentille	complet	complète
pareil	pareille	discret	discrète
cruel	cruelle	fier	fière
ancien	ancienne	dernier	dernière
quotidien	quotidienne	premier	première
muet	muette		
violet	violette	actif	active
épais	épaisse	interrogatif	interrogative
gras	grasse	menteur	menteuse
gros	grosse		
		public	publique
heureux	heureuse	turc	turque

curieux	curieuse	grec	grecque
faux	fausse		
doux	douce	favori	favorite
		nouveau	nouvelle
		frais	fraîche
		vieux	vieille
		blanc	blanche

e. The plural of adjectives

Adjectives that form their plural by adding **-s**

Use the plural of the sentences under **a, b** and **c** above except **L'homme est français.** For other adjectives, use the following:

Adjectives whose masculine plural is identical with the singular

Le garçon est français	Les garçons sont français.
Le mur est épais.	Les murs sont épais.
Le livre est gros.	Les livres sont gros.
L'étudiant est heureux.	Les étudiants sont heureux.
Le professeur est curieux.	Les professeurs sont curieux.
L'enfant est doux.	Les enfants sont doux.
L'homme est doux.	Les hommes sont doux.
Le bâtiment est vieux.	Les bâtiments sont vieux.
Son ami est vieux.	Ses amis sont vieux.

Adjectives that change final **-al** to **-aux** and those that change **-eau** to **-eaux**

L'employé est loyal.	Les employés sont loyaux.
Mon ami est loyal.	Mes amis sont loyaux.
Le dessin est beau.	Les dessins sont beaux.
Ce musée est beau.	Ces musées sont beaux.
Ce complet est nouveau.	Ces complets sont nouveaux.
Cet étudiant est nouveau.	Ces étudiants sont nouveaux.

f. Adjectives with two masculine singular forms

Voici un beau garçon.	Voici un bel homme.
Voilà un beau jardin.	Voilà un bel arbre.
Regardez le beau danseur.	Regardez le bel enfant.
Est-ce un nouveau directeur ?	Est-ce un nouvel étudiant ?
Comment s'appelle le nouveau héros ?	Comment s'appelle le nouvel héritier ?
Connais-tu le vieux marin ?	Connais-tu le vieil homme ?
Voici un vieux bâtiment.	Voici un vieil arbre.

TEACHING

a. Adjectives that undergo a change in pronunciation as they add -e to the masculine to form the feminine

1. Faites l'exercice suivant selon l'exemple:

Exemple:

Henri est grand. Et Marie?	**Marie est grande.**
Le garçon est petit. Et la jeune fille?	La jeune fille est petite.
L'étudiant est intelligent. Et l'étudiante?	L'étudiante est intelligente.
Le conte est intéressant. Et l'histoire?	L'histoire est intéressante.
Le professeur est français. Et la dame?	La dame est française.
Le crayon est vert. Et la jupe?	La jupe est verte.
Le bâtiment est rond. Et la salle?	La salle est ronde.
Le complet est gris. Et la robe?	La robe est grise.
L'homme est prudent. Et la femme?	La femme est prudente.

2. For variation, the order of sentences may be reversed, thus:

L'étudiante est intelligente. Et l'étudiant?	L'étudiant est intelligent.

b. Adjectives that do not undergo a change in pronunciation as they add -e to form the feminine

3. Faites l'exercice suivant selon l'exemple:

Exemple:

Le tampon est bleu. Et la craie?	**La craie est bleue.**
Le crayon est bleu. Et la feuille de papier?	La feuille de papier est bleue.
Son chandail est bleu. Et sa robe?	Sa robe est bleue.
L'enfant est jolie. Et la mère?	La mère est jolie.
Le cheval est joli. Et la voiture?	La voiture est jolie.
Le garçon est gai. Et la jeune fille?	La jeune fille est gaie.
Le professeur est gai. Et l'étudiante?	L'étudiante est gaie.
Le soulier est noir. Et la chaussette?	La chaussette est noire.
Le gant est noir. Et la blouse?	La blouse est noire.

4. For variation, the order of sentences may be reversed, thus:

La feuille de papier est bleue. Et le crayon?	Le crayon est bleu.

c. Adjectives that do not change in the feminine

5. Faites l'exercice suivant selon l'exemple:

Exemple:

Le mur est jaune. Et la feuille ? **La feuille est jaune.**

Use **jaune, rouge, jeune, riche, facile, difficile, habile,** and any other adjective that ends in **e** in the masculine singular provided the students have had it.

d. "Irregular" feminines

Drill the irregular feminines in the same way. It may be well to use the presentation drill under "Irregular" feminines as a starting point. Thus:

6. Faites l'exercice suivant selon l'exemple:

Exemple:

Le conte est long. Et l'histoire ? **L'histoire est longue.**
Le roman est long. Et la nouvelle ? La nouvelle est longue.

Continue, using the remaining sentences in the drill and adding other sentences for the other adjectives that must be practiced at this time.

7. Use another drill built exclusively on the irregular adjectives whose feminine doubles the consonant before adding -e (cruel-cruelle, muet-muette, etc.).

e. Adjectives that add -s to form the plural

8. Mettez les phrases suivantes au pluriel:

Exemples:

Le garçon est petit. **Les garçons sont petits.**
La jeune fille est petite. **Les jeunes filles sont petites.**

L'étudiant est intelligent. Les étudiants sont intelligents.
Le conte est intéressant. Les contes sont intéressants.
Le bâtiment est rond. Les bâtiments sont ronds.
La dame est française. Les dames sont françaises.
La femme est prudente. Les femmes sont prudentes.
La règle est brune. Les règles sont brunes.
La nouvelle est longue. Les nouvelles sont longues.

Le complet est bleu.	Les complets sont bleus.
La cravate est bleue.	Les cravates sont bleues.
L'arbre est joli.	Les arbres sont jolis.
La fleur est jolie.	Les fleurs sont jolies.
Son soulier est noir.	Ses souliers sont noirs.
Sa chaussette est noire.	Ses chaussettes sont noires.

9. Mettez les phrases suivantes au pluriel:

Exemple:

L'enfant est cruel.	**Les enfants sont cruels.**
Le garçon est cruel.	Les garçons sont cruels.
La jeune fille est cruelle.	Les jeunes filles sont cruelles.
Le vin est bon.	Les vins sont bons.
La carotte est bonne.	Les carottes sont bonnes.
Son oncle est gentil.	Ses oncles sont gentils.
Sa tante est gentille.	Ses tantes sont gentilles.

Continue as long as it seems necessary and desirable, using the other common adjectives in the same category.

10. Construct another drill based on the adjectives whose masculine singular ends in -s or -x.

11. Do the same for **actif, interrogatif, public, turc, grec, sec, blanc, frais, menteur, favori, vieux, loyal, nouveau,** and **beau.**

f. Adjectives that have two masculine singular forms

12. Répétez chaque phrase en ajoutant la forme convenable de l'adjectif donné:

Exemple:

Voici un homme. (beau)	**Voici un bel homme.**
Que dit l'homme ? (vieux)	Que dit le vieil homme ?
Qui a fait la connaissance de l'employé ? (vieux)	Qui a fait la connaissance du vieil employé ?
Elle verra l'étudiant. (nouveau)	Elle verra le nouvel étudiant.
Vous ne connaissez pas l'élève. (nouveau)	Vous ne connaissez pas le nouvel élève.

Continue for four more items, using **beau** as well as **vieux** and **nouveau.**

13. Mettez les phrases suivantes au singulier:

Exemple:

Voici deux beaux hommes. **Voici un bel homme.**

Que disent les vieux hommes ? Que dit le vieil homme ?

Continue, using the plural of the sentences in the preceding exercise.

14. Mettez les phrases suivantes au pluriel:

Exemple:

Voici le bel homme. **Voici les beaux hommes.**

Que dit le vieil homme ? Que disent les vieux hommes ?

Continue, using the same sentences as those in the first of these exercises.

TESTING

a. The feminine of adjectives

1. Faites l'exercice suivant selon les exemples:

Exemples:

Le mot est long. Et la phrase ? **La phrase est longue.**
La générale est généreuse. **Le général est généreux.**
Et le général ?

L'étudiant est diligent. Et l'étudiante ?	L'étudiante est diligente.
La salade est bonne. Et le légume ?	Le légume est bon.
Le roman est vieux. Et la pièce ?	La pièce est vieille.
La famille est heureuse. Et le parent ?	Le parent est heureux.
La neige est blanche. Et le nuage ?	Le nuage est blanc.
Le fruit est frais. Et l'eau ?	L'eau est fraîche.
Le garçon est doux. Et la jeune fille ?	La jeune fille est douce.
Le nez est gros. Et l'oreille ?	L'oreille est grosse.

b. The plural of adjectives

2. Mettez les phrases suivantes au pluriel:

Exemple:

La table est grande **Les tables sont grandes.**

Mon cousin est riche. Mes cousins sont riches.
La blouse est bleue. Les blouses sont bleues.

L'homme est vieux.	Les hommes sont vieux.
Mon parent est loyal.	Mes parents sont loyaux.
La salade est bonne.	Les salades sont bonnes.
Ce bâtiment est nouveau.	Ces bâtiments sont nouveaux.
Cet homme est français.	Ces hommes sont français.
Le chandail est gris.	Les chandails sont gris.

3. In another exercise, ask the student to change plural sentences to the singular.

If other tenses of the verb have been studied prior to any phase of this topic, they may be used in the later stages of drilling. This is important from the point of view of developing flexibility of use. Otherwise, the student will find it difficult to give automatic responses when faced with new situations.

Likewise, if interrogation with noun subjects has already been learned, it should be used in the later stages of the teaching phase and throughout the testing phase.

POSITION

PRESENTATION

a. Adjectives that follow the noun they modify

> Voici une carte verte.
> Voici un stylo rouge.
> Voici une table ronde.
> Voilà un garçon intelligent.
> Je lis un roman intéressant.
> Aimez-vous les styles modernes ?
> Voilà une jeune fille protestante.
> Nous aimons les vins français.
> Voilà une maison bien construite.
> La ville est enveloppée d'un brouillard épais.
> Nous prévoyons un avenir souriant.

b. Adjectives that precede the noun they modify

> Je veux une bonne réponse.
> Qui a écrit ces mauvaises nouvelles ?
> C'est une longue leçon.
> Qui sont ces jeunes gens ?
> Pourquoi portez-vous cette vieille robe ?

Elle a acheté une jolie bague.
Montrez-lui ces belles photos.
Voilà un méchant homme.
Mettez les fleurs sur cette grande table.
Accrochez ce petit tableau au mur.

If this is the first experience of the learner with these adjectives (which seems unlikely), it is well to construct a six-to-eight item drill on each one of them. Include **autre, gentil, vilain, court, vif,** and **cher.**

c. Relative position of two or more adjectives that precede the noun

Voilà une jolie petite fille.
Voilà un joli petit garçon.
Voilà une jolie petite voiture.
Voici une autre jolie petite voiture.
J'aime mieux l'autre jolie petite maison.

C'est un gentil petit enfant.
Marie est une gentille petite fille.
Henri est un gentil petit élève.
Anne est une jolie jeune fille.
Cette belle jeune femme est la femme de mon cousin.

d. Position of adjectives when two or more modify the same noun but which may precede or follow it

J'aime beaucoup cette grande maison bleue.
À qui est ce petit chien brun ?
Cette jolie jeune fille française vient de Rouen.
Elle a une jolie voix douce.

e. Position of two or more adjectives when joined by et

Voici une histoire courte et intéressante.
C'est un monsieur bon et intelligent.
C'est un joueur jeune et formidable.
Quel est cet édifice grand et carré ?

Continue the drill until students understand and master the principle.

f. Adjectives whose meaning depends upon their position

Le pauvre enfant est malade.   L'enfant pauvre n'a pas d'argent.

Ma pauvre cousine ne peut pas assister au concert.	Ma cousine pauvre ne possède pas beaucoup de choses.
Le pauvre homme n'y comprend rien.	L'homme pauvre est notre voisin.
La pauvre jeune fille ne sait pas la réponse.	La jeune fille pauvre a reçu un gros cadeau.
Mon ancien professeur est parti pour Paris.	L'histoire ancienne m'intéresse beaucoup.
Ses anciens élèves l'aiment beaucoup.	Nous étudions la civilisation ancienne.
Nos anciens voisins viennent nous voir.	Voici un livre à propos de l'art ancien.
Leur ancien patron était très gentil.	C'est un monument très ancien.

Construct similar drills, using **brave**, **grand**, **certain**, **propre**, **dernier**, and **prochain**.

TEACHING

a. Adjectives that follow the noun they modify

1. Répondez aux questions suivantes en choisissant la seconde des réponses:

Exemple:

Avez-vous une chambre bleue ou jaune?	**J'ai une chambre jaune.**
Est-ce que les murs sont rouges ou blancs?	Les murs sont blancs.
Est-ce que la jeune fille porte une jupe bleue ou blanche?	La jeune fille porte une jupe blanche.
Avez-vous un patron généreux ou un patron économe?	J'ai un patron économe.
Cherchez-vous une nouvelle intéressante ou un roman intéressant?	Je cherche un roman intéressant.
Connaissez-vous un homme prudent ou une femme prudente?	Je connais une femme prudente.

Continue for five or more items, using a variety of adjectives familiar to the student.

2. Répétez chaque phrase en ajoutant la forme convenable de l'adjectif donné:

Exemple:

C'est un musée. (imposant)	C'est un musée **imposant**.
Nous avons une classe. (intéressant)	Nous avons une classe intéressante.

Marie est une élève. (diligent)	Marie est une élève diligente.
Nous avons vu des voyageurs. (allemand)	Nous avons vu des voyageurs allemands.
Qui a envoyé ces cadeaux ? (cher)	Qui a envoyé ces cadeaux chers ?
Nous recevrons des bijoux. (précieux)	Nous recevrons des bijoux précieux.
Voilà un prêtre. (catholique)	Voilà un prêtre catholique.
J'aime beaucoup cette table. (rond)	J'aime beacoup cette table ronde.
Anne préfère la jupe. (jaune)	Anne préfère la jupe jaune.
Voilà les lettres. (écrit)	Voilà les lettres écrites.

b. Adjectives that precede the noun they modify

3. Répétez chaque phrase en ajoutant la forme convenable de l'adjectif donné:

Exemple:

Vous connaissez mon ami Jacques. (bon)	Vous connaissez mon **bon** ami Jacques.
Voici notre voisin Henri. (bon)	Voici notre bon voisin Henri.
Ma mère a préparé un repas. (bon)	Ma mère a préparé un bon repas.
C'est un enfant.(petit)	C'est un petit enfant.
C'est un jardin. (petit)	C'est un petit jardin.
Voilà une voiture. (beau)	Voilà une belle voiture.
Voyez-vous les lumières ? (joli)	Voyez-vous les jolies lumières ?
Nous cherchons un bureau. (grand)	Nous cherchons un grand bureau.

Continue for eight to ten additional items, using the most common adjectives that precede.

c. Relative position of two or more adjectives that precede the noun

4. Répétez chaque phrase en ajoutant la forme convenable de l'adjectif donné:

Exemple:

La petite fille est intelligente. (joli)	La **jolie** petite fille est intelligente.
C'est une belle maison. (petit)	C'est une belle petite maison.
Voilà l'autre avion. (grand)	Voilà l'autre grand avion.
Nous préférons la jolie petite chambre. (autre)	Nous préférons l'autre jolie petite chambre.
Son ami est un gentil professeur. (jeune)	Son ami est un gentil jeune professeur.

Continue for four more items, using other combinations.

d. Positions of adjectives when two or more modify the same noun but may precede or follow it

5. Répétez chaque phrase en ajoutant la forme convenable de l'adjectif donné:

Exemple:

Elle veut acheter cette belle blouse. (rouge)	Elle veut acheter cette belle blouse **rouge**.
Marie a apporté ces belles fleurs. (bleu)	Marie a apporté ces belles fleurs bleues.
Qui a envoyé ces livres bruns ? (gros)	Qui a envoyé ces gros livres bruns ?
À qui est cette chaise confortable ? (grand)	À qui est cette grande chaise confortable ?
Connaissez-vous cette gentille demoiselle ? (anglais)	Connaissez-vous cette gentille demoiselle anglaise ?
Nous allons voir un vieux musée. (intéressant)	Nous allons voir un vieux musée intéressant.

Continue for five more items, using other combinations. If greater challenge is desired, negative sentences, negative interrogative sentences, and other tenses of the verb may be used.

e. Position of two or more adjectives when joined by et

6. Répétez chaque phrase en ajoutant la forme convenable des adjectifs donnés:

Exemple:

Connaissez-vous une histoire ? (court et intéressant)	Connaissez-vous une histoire **courte et intéressante** ?
Voici un professeur. (bon et intelligent)	Voici un professeur bon et intelligent.
Quel est ce joueur ? (jeune et formidable)	Quel est ce joueur jeune et formidable ?

Continue for six more items.

TESTING

1. Répétez chaque phrase en ajoutant la forme convenable des adjectifs donnés:

Exemple:

Ses élèves l'aiment beaucoup. (ancien)   Ses **anciens** élèves l'aiment beaucoup.

Elle a rencontré son professeur de français. (ancien)	Elle a rencontré son ancien professeur de français.
As-tu vu les avions à réaction ? (grand)	As-tu vu les grands avions à réaction ?
Voilà un jeune homme. (américain)	Voilà un jeune homme américain.
À qui sont ces voitures neuves ? (beau)	À qui sont ces belles voitures neuves ?
Nous avons des cadeaux. (beau et cher)	Nous avons des cadeaux beaux et chers.

Continue for five or more items, using other combinations, other tenses, negative sentences, and negative-interrogative sentences.

2. Répondez aux questions suivantes en employant la forme convenable des adjectifs donnés:

Exemple:

De quelle couleur est la maison ? (blanc)	La maison est blanche.

De quelle couleur est la blouse ? (bleu)	La blouse est bleue.
De quelle couleur était la chemise ? (blanc)	La chemise était blanche.
Quel employé ne connaît-il pas ? (nouveau)	Il ne connaît pas le nouvel employé.
Quels étudiants connaissait-elle ? (nouveau)	Elle connaissait les nouveaux étudiants.
Comment sont les grands magasins de cette ville ? (beau)	Les grands magasins de cette ville sont beaux.
Comment sont les citoyens de ce pays ? (loyal)	Les citoyens de ce pays sont loyaux.
Comment étaient les carottes ? (bon)	Les carottes étaient bonnes.
Quel film verra-t-elle ? (français)	Elle verra le film français.
Quelle espèce de vie mène-t-il ? (heureux)	Il mène une vie heureuse.
De quel joueur avez-vous parlé ? (jeune et intelligent)	J'ai parlé du joueur jeune et intelligent.

COMPARISON

PRESENTATION

a. Comparative form

The comparative form as predicate adjective

Ce conte-ci est intéressant.	Ce conte-là est plus intéressant.

Cette gare-ci est belle.   Cette gare-là est plus belle.
Cette colline-ci est haute.   Cette colline-là est plus haute.
La voix de Jeanne est douce.   La voix de Marie est plus douce.
Ces avions à réaction sont grands.   Ces avions à réaction sont plus grands.
Ces jeunes filles sont intelligentes.   Ces jeunes filles sont plus intelligentes.

Comparative form next to the noun it modifies

Nous cherchons un bon auteur.   Nous cherchons un meilleur auteur.
Jacques est un garçon aimable.   Jacques est un garçon plus aimable.
Nanette est une étudiante   Nanette est une étudiante plus
  sympathique.   sympathique.
Voici des chanteuses populaires.   Voici des chanteuses plus populaires.

The comparative form with **than**

Ces arbres-ci sont beaux.   Ces arbres-là sont plus beaux que
                                              ceux-ci.

Ces élèves-ci sont ambitieux.   Ces élèves-là sont plus ambitieux que
                                              ceux-ci.

Ces jeunes femmes-ci sont discrètes.   Ces jeunes femmes-là sont plus
                                              discrètes que celles-ci.

Cette robe-ci est jolie.   Cette robe-là est plus jolie que celle-ci.

b. Superlative form

The superlative as a predicate adjective

Ce monument-ci est plus vieux que   Ce monument-ci est le plus vieux.
  celui-là.
Cette rue-ci est plus large que celle-là.   Cette rue-ci est la plus large.
Ces enfants-ci sont plus curieux que   Ces enfants-ci sont les plus curieux.
  ceux-là.
Tes sœurs sont plus gentilles que ses   Tes sœurs sont les plus gentilles.
  sœurs.
Mes amis sont plus riches que ses   Mes amis sont les plus riches de tous.
  amis.
Nos voisins sont plus aimables que vos   Nos voisins sont les plus aimables
  voisins.   de tous.
Ces fruits-ci sont plus frais que   Ces fruits-ci sont les plus frais de
  ceux-là.   tous.

The superlative next to the noun it modifies

Jean est un garçon intelligent.   Henri est le garçon le plus intelligent
                                              de tous.

Marie est une jeune fille heureuse.	Anne est la jeune fille la plus heureuse.
Leurs oncles sont des hommes riches.	Leurs oncles sont les hommes les plus riches de tous.
Ses tantes sont des femmes instruites.	Ses tantes sont les femmes les plus instruites de toutes.
Voici son petit frère.	Voici son plus petit frère.
Voilà son joli chandail.	Voilà son plus joli chandail.

Use of the possessive adjective in place of the definite article

Ce sont des cours intéressants.	Ce sont mes cours les plus intéressants.
Leurs camarades sont aimables.	Ce sont leurs camarades les plus aimables.
Mes amis sont actifs.	Ce sont mes amis les plus actifs.
Cette anecdote est amusante.	C'est son anecdote la plus amusante.
Voici son frère bavard.	Voici son frère le plus bavard.
Voilà un bon poème.	Voilà son meilleur poème.
Avez-vous vu sa belle peinture ?	Avez-vous vu sa plus belle peinture ?

"In" with the superlative

Qui est l'homme le plus riche de la ville ?	M. Dupont est l'homme le plus riche de la ville.
Qui avait la maison la plus élégante du quartier ?	Mme Marchand avait la maison la plus élégante du quartier.
Qui était le meilleur danseur du du monde ?	Je ne sais pas qui était le meilleur danseur du monde.
Qui a écrit la plus longue lettre de la classe ?	Nanette a écrit la plus longue lettre de la classe.

c. Irregular comparisons

Ce repas est bon.	Ce repas-ci est meilleur.
Ces tableaux sont bons.	Ces tableaux-ci sont meilleurs.
Cette leçon est bonne.	Cette leçon-ci est meilleure.
Marie et Jeanne sont de bonnes étudiantes.	Anne et Louise sont de meilleures étudiantes.

Ce repas-là est le meilleur de tous.
Ce tableau-là est le meilleur de tous.
Cette leçon-là est la meilleure de toutes.
Elle a la meilleure institutrice de toutes.
Agnès et Linette sont les meilleures étudiantes.

Aussi . . . **que** and **moins** . . . **que** can be taught as vocabulary items. If drilling is considered desirable or necessary, the problem sentences under **b** above (the sentences using **plus** . . . **que**) may be utilized, substituting **aussi** . . . **que** and **moins** . . . **que** for **plus** . . . **que**.

The teacher who wishes to teach **pire, le pire, moindre,** and **le moindre** may construct similar drills.

TEACHING

a. Comparative form

The comparative form as predicate adjective

1. Mettez l'adjectif à la forme comparative:

Exemple:

La voix de Jeanne est douce.	La voix de Jeanne est **plus douce**.
Cette gare-ci est belle.	Cette gare-ci est plus belle.
Cette colline-ci est haute.	Cette colline-ci est plus haute.
Ce professeur-ci est grand.	Ce professeur-ci est plus grand.
Ce patron-ci est généreux.	Ce patron-ci est plus généreux.
Ces jeunes filles-ci sont charmantes.	Ces jeunes filles-ci sont plus charmantes.
Ces leçons-ci sont difficiles.	Ces leçons-ci sont plus difficiles.
Ces devoirs-ci sont faciles.	Ces devoirs-ci sont plus faciles.
Ces messieurs-ci sont polis.	Ces messieurs-ci sont plus polis.
Cette salade-ci est bonne.	Cette salade-ci est meilleure.
Ces légumes-ci sont bons.	Ces légumes-ci sont meilleurs.

2. Faites l'exercice suivant selon l'exemple:

Exemple:

Les parents d'Henri sont vieux. Et les parents de Georges ?	**Les parents de Georges sont plus vieux.**
Le frère de Robert était content. Et le frère de Jeanne ?	Le frère de Jeanne était plus content.
Ces bijoux-ci sont coûteux. Et ces bijoux-là ?	Ces bijoux-là sont plus coûteux.

Continue for six to eight more items. For variation, use the demonstrative pronouns (**celui de, ceux de,** etc.) in sentences similar to the example and the first problem sentence, provided that the students have already had those forms.

The comparative form next to the noun it modifies

3. Faites l'exercice suivant selon l'exemple:

Exemple:

Henri lisait un bon livre. Et Marie ? **Marie lisait un meilleur livre.**

Nous ferons un voyage coûteux. Et Mes frères feront un voyage plus
vos frères ? coûteux.

Elle connaissait une Française très Ses amies connaissaient une Française
gentille. Et ses amies ? plus gentille.

Continue for six to eight more items.

4. Faites l'exercice suivant selon l'exemple:

Exemple:

Je vais lire un long roman. Et vous ? **Moi, je vais lire un plus long
roman.**

Nous avons acheté de beaux cadeaux. Lui, il a acheté de meilleurs cadeaux.
Et lui ?

J'ai fait la connaissance d'une jolie Moi, j'ai fait la connaissance d'une
jeune fille. Et vous ? plus jolie jeune fille.

Continue for six to eight more items.

The comparative form with **than**

5. Faites l'exercice suivant selon l'exemple:

Exemple:

Cet acteur-ci est formidable. **Cet acteur-là est plus formidable
que cet acteur-ci.**

Cette pièce-ci est amusante. Cette pièce-là est plus amusante que
cette pièce-ci.

Ce film-là est ennuyeux. Ce film-ci est plus ennuyeux que ce
film-là.

Continue for six to eight more items. If desired, the demonstrative pronoun
may be substituted in the answer for the second of the nouns compared.
In such a case, the responses in the above exercise will read:

> Cette pièce-là est plus amusante que celle-ci.
> Ce film-ci est plus ennuyeux que celui-là.

b. Superlative form

The superlative as predicate adjective

6. Mettez l'adjectif à la forme superlative:

Exemple:

Cette montagne-ci est très haute.	Cette montagne-ci est **la plus haute**.
Cette gare-ci est belle.	Cette gare-ci est la plus belle.

Use the same problem sentences as those in teaching drill No. 1.

7. Repeat teaching drill No. 2, but ask for the superlative in the solution, thus:

> Les parents de Georges sont les plus vieux.
> Le frère de Jeanne était le plus content.
> Ces bijoux-là sont les plux coûteux.

8. Repeat teaching drill No. 3 under "The comparative form next to the noun it modifies," but ask for the superlative in the solution, thus:

> Mes frères feront le voyage le plus coûteux.
> Ses amies connaissaient la Française la plus gentille.

TESTING

a. Comparative form

1. Mettez l'adjectif à la forme comparative:

Exemple:

'Elle a une jolie fleur.	Elle a une **plus** jolie fleur.
Voulait-il un complet cher ?	Voulait-il un complet plus cher ?
Tu as appris un long poème.	Tu as appris un plus long poème.
Avez-vous vu des femmes cruelles ?	Avez-vous vu des femmes plus cruelles ?
Il n'avait pas d'amis loyaux.	Il n'avait pas d'amis plus loyaux.
Nous avons des journaux intéressants.	Nous avons des journaux plus intéressants.

Continue for three to five more items.

2. Faites l'exercice suivant selon l'exemple:

Exemple:

Ce match-là était épatant. Et celui-ci ?	**Ce match-là était plus épatant que celui-ci.**
Le roi de France était puissant. Et celui d'Angleterre ?	Le roi de France était plus puissant que celui d'Angleterre.
Leurs problèmes étaient sérieux. Et les siens ?	Leurs problèmes étaient plus sérieux que les siens.
Elles sont orgueilleuses. Et eux ?	Elles sont plus orgueilleuses qu'eux.
Ce passage a été gai. Et celui de l'année dernière ?	Ce passage a été plus gai que celui de l'année dernière.

Continue for four to six more items.

3. Répondez aux questions suivantes en employant la forme superlative de l'adjectif:

Exemple:

Avez-vous vu de beaux monuments ?	**Oui, j'ai vu les plus beaux monuments du monde.**
Ferez-vous un long voyage ?	Oui, je ferai le plus long voyage du monde
A-t-il rencontré des personnes charmantes ?	Oui, il a rencontré les personnes les plus charmantes du monde.
Avaient-elles acheté de beaux souvenirs ?	Oui, elles avaient acheté les plus beaux souvenirs du monde.
Fera-t-il des choses intéressantes ?	Oui, il fera les choses les plus intéressantes du monde.
Est-ce un garçon cruel ?	Oui, c'est le garçon le plus cruel du monde.
Est-ce un gros livre ?	Oui, c'est le plus gros livre du monde.
Est-ce une vieille femme ?	Oui, c'est la plus vieille femme du monde
Avez-vous reçu de jolies chaussettes ?	Oui, j'ai reçu les plus jolies chaussettes du monde.
As-tu rencontré des gens actifs ?	Oui, j'ai rencontré les gens les plus actifs du monde.

Savaient-ils de beaux poèmes ?	Oui, ils savaient les plus beaux poèmes du monde.
Avaient-ils appris des faits importants ?	Oui, ils avaient appris les faits les plus importants du monde.

Continue as long as necessary in order to test the students' command of this structure.

II. ADVERBS

POSITION

Generally speaking, adverbs as a structural phenomenon are studied after the student has become familiar with a generous segment of elementary French. He probably has used a number adverbs like **beaucoup, bien, mal, aussi, vite, lentement,** and **correctement.** Thus, the teacher can go directly into a pattern presentation.

PRESENTATION

a. Position of adverbs with the simple tenses

Adverbs that ordinarily follow the verb immediately

> Nous travaillons bien le matin.
> Henri chante mal ce soir.
> Jeanne parlera lentement aux enfants.
> Elle lit correctement les phrases.
> Ils écrivaient facilement les exercices.
> J'irai sûrement à Lyon.
> Mes amis vont souvent au théâtre.

Other adverbs that may be drilled are **assez, trop, peu, vite, aussi,** and **partout.**

Adverbs whose position may vary according to the emphasis given to the idea expressed by them

> Maintenant nous allons commencer à écrire.
> Souvent il se perd en allant à l'école.
> Demain ils vont partir pour l'Europe.
> Hier il disait qu'il n'aimait pas ses classes.

The same may be done with **aussi, ainsi,** and others.

b. Position of adverbs with the compound tenses

Common adverbs

> Elle a beaucoup aimé la salade.
> Ils ont assez parlé hier soir.
> Tu aurais vite répondu à la question.
> Vous aurez aussi vu les beaux monuments.
> Nous étions souvent allés à la plage.

Continue with other adverbs, using verbs conjugated with **avoir** and **être**, as well as reflexive verbs. Add only as many items as are necessary for the students to see the relative position of the verb and the adverb.

Adverbs in **-ment**

> Il a marché lentement.
> Nous avons répondu intelligemment.
> Elle a empaqueté soigneusement les livres.
> Elles ont couru follement vers leur père.
> Vous avez chanté gaiement pour nous.

TEACHING

a. Position of adverbs with the simple tenses

Adverbs that follow the verb immediately

1. Répondez à l'affirmatif:

Exemple: Vont-ils souvent au theâtre ?
    Oui, ils vont **souvent** au théâtre.

Construct a drill of eight to ten items.

2. Répondez au négatif:

Exemple: Vont-ils souvent au théâtre ?
    Non, ils ne vont pas **souvent** au théâtre.

Use some of the sentences constructed for No. 1, and add a few others for variety.

3. Mettez l'adverbe à la place convenable:

Exemple: Nous travaillons le matin. (bien)
    Nous travaillons **bien** le matin.

Construct a drill of eight to ten items, using the common adverbs.

4. Répondez en employant l'adverbe donné:

Exemple: Comment Marie parle-t-elle en classe? (lentement)
Marie parle **lentement** en classe.

Construct a drill of eight to ten items, using common adverbs.

Adverbs whose position may vary

5. Mettez l'adverbe au commencement de la phrase:

Exemple: Je vais commencer mon travail. (maintenant)
Maintenant je vais commencer mon travail.

Make up a drill of eight to ten items with **maintenant, demain, hier, aujourd'hui, souvent, quelquefois, rarement,** and any other adverb that may go at the beginning.

b. Position of adverbs with the compound tenses

Common adverbs

6. Répondez à l'affirmatif:

Exemple: Avez-vous bien compris le discours?
Oui, j'ai **bien** compris le discours.

Construct a drill of eight to ten items, using the short common adverbs, as well as reflexive verbs and verbs conjugated with **être,** provided that the students have had them.

7. Mettez au passé composé:

Exemple: Nous comprenons bien le professeur.
Nous **avons bien compris** le professeur.

Construct a drill of twelve to fourteen items, using other compounds tenses, reflexive verbs, and verbs conjugated with **être.**

Adverbs in **-ment**

8. Répondez à l'affirmatif:

Exemple: Avait-elle répondu joyeusement?
Oui, elle avait répondu **joyeusement.**

Construct a drill of ten to twelve items, using adverbs in **-ment** with reflexive verbs and verbs conjugated with **être.**

9. Mettez l'adverbe à la place convenable:

Exemple: Nous avons chanté. (gaiement)
            Nous avons chanté **gaiement**.

Construct a drill of eight to ten items.

10. Mettez les phrases au passé composé.

Exemple: Nous parlons gaiement.
            Nous avons parlé **gaiement**.

Construct a drill of eight to ten items.

TESTING

a. Simple tenses

1. Mettez l'adverbe à la place convenable:

Exemple: Louise lit le français. (bien)
            Louise lit **bien** le français.

Construct a drill of ten to twelve items, using adverbs in **-ment**, as well as the common ones. Do not neglect to use tenses other than the present.

b. Compound tenses

2. Mettez au passé composé:

Exemples: Elle assiste souvent à ses conférences.
            Elle a souvent assisté à ses conférences.

            Elle lit lentement la leçon.
            Elle **a lu lentement** la leçon.

Construct a drill of ten to twelve items, mixing up the adverbs.
The same drill may be done also in the pluperfect, future perfect, and conditional perfect tenses.

3. Mettez l'adverbe à la place convenable:

Exemples: Il a vu ce film. (aussi)
            Il a **aussi** vu ce film.
            Nous avons répondu à nos amis. (franchement)
            Nous avons répondu **franchement** à nos amis.

Construct a drill of eight to twelve items, mixing up the different kinds of adverbs, using all the compound tenses, and including reflexive verbs and verbs conjugated with **être**.

4. Répondez en employant l'adverbe donné:

Exemples: Comment sont-elles descendues? (rapidement)
Elles sont descendues **rapidement**.

Comment avait-il empaqueté les cadeaux? (soigneusement)
Il avait empaqueté les cadeaux **soigneusement**.

Construct a drill of eight to ten items, mixing different tenses and different types of adverbs.

COMPARISON

PRESENTATION

a. Comparative form

The teacher might draw two stick figures on the board, showing a boy walking quickly and another one walking more quickly. With that as a starting point to show the use of **plus** with the comparative form, he can go on to the following drill:

Jean marche vite.	Henri marche plus vite.
Marie travaille vite.	Jeanne travaille plus vite.
Les garçons parlent sérieusement.	Les hommes parlent plus sérieusement.

Continue for two or three more items with adverbs that the students have had. Then go on to a short presentation drill, using the same sentences but adding **que** + noun in order to teach the idea of **than**.

b. Superlative form

Henri marche plus vite que Jean.	Louis marche le plus vite de tous.
Jeanne travaille plus vite que Marie.	Anne travaille le plus vite de tous.
Les hommes parlent plus sérieusement que les garçons.	Les femmes parlent le plus sérieusement de tous.

Add two or three more items.

Construct presentation drills for the comparison of **bien, mal, peu,** and **beaucoup.**

TEACHING

a. Comparative form of regular adverbs

1. Mettez l'adverbe à la forme comparative:

Exemple: Marie marche rapidement.
          Jeanne marche **plus rapidement**.

Construct a drill of eight to ten items.

2. Faites l'exercice suivant selon l'exemple:

Exemple: Mon frère travaille longtemps le soir.
          Moi, je travaille **plus longtemps** le soir.

Construct a drill of eight to ten items, using personal pronouns, possessive pronouns, and demonstrative pronouns, as well as nouns, as the item to replace the original subject.

3. Faites l'exercice suivant selon l'exemple:

Exemple: Nous agissons prudemment. (Henri)
          Henri agit plus prudemment que nous.

Construct a drill of eight to ten items.

b. Superlative form

Use the exercises under **a** above to drill the superlative of the regular adverbs and **bien, mal, peu,** and **beaucoup**.

TESTING

a. Comparative form

1. Mettez l'adverbe à la forme comparative:

Exemple: Le vélo marche bien.
          Le vélo marche **mieux**.

Construct a drill of eight to ten items, using different tenses and irregular, as well as regular, adverbs. Do not follow a regular sequence.

2. Faites l'exercice suivant selon l'exemple:

Exemple: Le vélo marche bien. Et la moto ?
          La moto marche mieux que le vélo.

Construct a drill of ten to twelve items, using as many different tenses and adverbs as possible.

b. Superlative form

Use the same type of exercises as **a** above.

FORMATION OF ADVERBS IN -MENT

PRESENTATION

a. Adverbs formed from most adjectives by adding -ment to the feminine form

Nous sommes lents.	Nous travaillons lentement.
Il était heureux.	Heureusement il était là.
Vous êtes joyeux.	Vous jouez joyeusement.
Elle est sûre.	Elles iront sûrement en Italie.
Tu es franc.	Tu as répondu franchement.
C'est faux.	On l'a accusé faussement.

b. Adverbs formed by adding -ment to the masculine form of adjectives ending in a vowel

C'est vrai.	Il fait vraiment chaud.
Cette femme est jolie.	Elle s'habille joliment.
C'est un homme résolu.	Il a agi résolument.
Ces messieurs sont hardis.	Ils se sont battus hardiment.

Continue with any other appropriate adjectives that have been learned.

c. Adverbs formed from adjectives ending in -ant and -ent by replacing the endings with -amment and -emment respectively

C'est un problème constant.	Nous nous disputons constamment.
Soyez-prudent.	Agissons prudemment.
Ce sont des personnes diligentes.	Ils ont pris diligemment des notes.
Mon amie est intelligente.	Elle écrit intelligemment.

Continue by using other appropriate adjectives which have been learned. Construct presentation drills similar to the above for the following categories:

gaîment, gaiement	conformément
crûment	immensément
assidûment	intensément
	expressément
énormément	profondément
précisément	communément
aveuglément	obscurément
commodément	confusément

TEACHING

a. Adverbs formed from the feminine form of adjectives by adding -ment

1. Faites l'exercice suivant selon les exemples:

Exemples: Nous sommes lents. (travaillons)
            Nous travaillons lentement.

            Marie était spirituelle. (parlait)
            Marie parlait spirituellement.

Construct a drill of eight to ten items, using as many different tenses as you can.

b. Adverbs formed by adding -ment **to the masculine form of adjectives ending in a vowel**

2. Faites l'exercice suivant selon l'exemple:

Exemple: Ces gens sont résolus (se sont défendus)
           Ces gens **se sont défendus résolument.**

Construct a drill of eight to ten items, using as many different tenses as you can.

c. Adverbs formed from adjectives ending in -ant **and** -ent **by replacing the endings with** -amment **and** -emment **respectively**

3. Faites l'exercice suivant selon l'exemple:

Exemple: Mes amis étaient intelligents. (écrivaient)
           Mes amis **écrivaient intelligemment.**

Construct a drill of eight to ten items, using as many different tenses as you can.

TESTING

Use the same kinds of drill as for teaching, but mix the adverbs of different categories in the same exercise, remembering to use also such adverbs as **beaucoup, peu, bien, mal,** and **aussi.**

III. ARTICLES

DEFINITE ARTICLE

Gender and Number

PRESENTATION

Regular nouns

Before explaining gender and number, the teacher should build up a vocabulary based upon the classroom environment, teaching both the singular and the plural. With this background, it is easy for him to point at the objects and ask **Qu'est-ce que c'est** ? or **Qui est-ce** ? The responses to these questions should give a series like the following:

> C'est le crayon.
> C'est le livre.
> C'est le bureau.
> C'est le garçon.
> C'est le professeur.
> C'est l'élève.
> C'est la porte.
> C'est la fenêtre.
> C'est la chaise.
> C'est la jeune fille.

It is very easy to formulate the rules relative to gender and number inductively by a short series of carefully chosen questions (See Part I, Chapter IV). Most of the same words may be used to show the plural of these nouns.

TEACHING AND TESTING

If the suggested procedure of learning the nouns before analyzing them is followed, the teaching phase of this subject has been accomplished. Only testing exercises are necessary.

1. Remplacez **crayon** par les mots donnés:

Exemple: C'est le crayon.
            ――― — porte.
            C'est **la porte**.

   Construct a drill of ten to twelve items, using only masculine and feminine singular nouns, and avoiding the maintenance of a sequence in gender.

2. Mettez le nom au pluriel:

Exemple: Voici le livre.
            Voici **les livres**.

   Construct a drill of ten to twelve items, avoiding the maintenance of a sequence in gender.

3. Mettez le nom au singulier:

Exemple: Il voit les professeurs.
            Il voit **le professeur**.

   Construct a drill of eight to ten items. After the sixth item, use the nouns as subjects of the verb in order to increase the challenge by requiring the students to change the verb as well as the noun.

Contraction

PRESENTATION

Nous parlons à la jeune fille.
Nous parlons à la dame.
Elle parle à la mère d'Henri.
Je parle à l'enfant.
Vous parlez à l'élève.
Ils parlent au garçon.
Parlez-vous au professeur?
Parle-t-elle au patron?
Tu parles aux jeunes filles.
Tu parles aux sœurs de Jean.
Il parle aux cousines de Marie.
Elle parle aux garçons.
Vous parlez aux professeurs.
Parle-t-elle aux élèves?
Parlent-ils aux enfants?

Je parle de la jeune fille.
Vous parlez de la dame.
Elle parle de la fleur.
Parle-t-elle de l'enfant?

Continue until examples of **de** + **le** and **de** + **les** (with feminine and masculine nouns) have been included.

TEACHING

1. Remplacez **jeune fille** par les mots donnés, en faisant tout autre change-ment nécessaire:

Exemple: Nous donnons le livre à la jeune fille.
———— ———— — ———— — garçon.
Nous donnons le livre **au garçon**.

Construct a drill of ten to twelve items, using masculine and feminine nouns (singular and plural), including those that begin with a vowel.

5. Mettez le nom au pluriel:

Exemple: Nous écrivons une lettre à l'élève.
Nous écrivons une lettre **aux élèves**.

Construct a drill of ten to twelve items.

6. Mettez le nom au singulier:

Exemple: Elle donne une leçon aux enfants.
Elle donne une leçon **à l'enfant**.

Construct a drill of ten to twelve items.
Use the same kind of exercise for **de** + the definite article.

TESTING

Use the same kind of drills as for "Teaching," but mix the items.

Before Titles

PRESENTATION

M. Laurent est professeur.
Mlle Chamaillard est très jolie.

Le professeur Laurent est votre ami.
Le docteur Chamaillard est un
chirurgien célèbre.

Mme Danton est la femme du général Danton.	Le général Danton est à Paris.
Mme Boudet est très jeune.	Le président Boudet a soixante-quinze ans.
Le professeur Aubain est malade.	M. le professeur est malade.
Le général Lataillade est chez vous.	M. le général est chez vous.
La générale Daudet est charmante.	Mme la générale est charmante.
Le docteur Gabin s'est blessé.	M. le docteur s'est blessé.

TEACHING

1. Faites l'exercice suivant selon l'exemple:

Exemple: M. Laurent lit beaucoup. (professeur)
 M. le professeur lit beaucoup.

Construct a drill of eight to ten items.

2. Faites l'exercice suivant selon l'exemple:

Exemple: Qui demeure près de chez vous? (docteur Auger)
 Le docteur Auger demeure près de chez **nous**.

Construct a drill of eight to ten items.

3. Faites l'exercice suivant selon l'exemple:

Exemple: Le docteur Chamaillard est très gentil.
 M. le docteur est très gentil.

TESTING

Use the same kind of exercises as for "Teaching."

Before Parts of the Body

PRESENTATION

Il se lave les mains.
Elle s'est cassé le bras.
Elle a mis la main dans le sac.
Il marchait les mains dans les poches et la tête penchée.

TEACHING

1. Faites l'exercice suivant selon l'exemple:

Exemple: Elle se lave. (mains)
           Elle se lave **les mains**.

Construct a drill of six to eight items.

2. Construct a similar drill, using the compound tenses.

TESTING

Use the same kind of drill as for "Teaching," mixing tenses and different verbs.

In Expressing Price

PRESENTATION

Le vin coûte trois francs la bouteille.
Le lait coûte trois francs le kilo.
Les oranges coûtent trois francs le kilo.
Les pêches coûtent deux francs le kilo.
Les œufs coûtent quatre francs la douzaine.

TEACHING

1. Faites l'exercice suivant selon l'exemple:

Exemple: L'eau minérale coûte deux francs. (bouteille)
           L'eau minérale coûte deux francs **la bouteille**.

Construct a drill of eight to ten items.

2. Répondez en employant la réponse donnée:

Exemple: Combien coûte le beurre? (deux francs le kilo)
           Le beurre coûte **deux francs le kilo**.

Construct a drill of eight to ten items.

Before the Days of the Week

PRESENTATION

Je suis allé au marché vendredi.   Je vais au marché le vendredi.
Nous irons au cinéma jeudi.   Nous allons au cinéma le jeudi.

| Elle verra son professeur de musique mardi. | Elle prend sa leçon de musique le mardi. |
| Êtes-vous allé au musée dimanche ? | Allez-vous au musée le dimanche ? |

TEACHING

1. Faites l'exercice suivant selon l'exemple:

Exemple: Nous allions en ville le dimanche.
———— ———— — ———— — mercredi.
Nous allions en ville le **mercredi**.

Construct a drill of six items.

2. Faites l'exercice suivant selon l'exemple:

Exemple: Êtes-vous allé au cinéma lundi ?
Oui, je vais toujours au cinéma le lundi.

Construct a drill of eight to ten items.

TESTING

Faites l'exercice suivant selon l'exemple:

Exemple: Nous assistons au concert. (samedi soir)
Nous assistons au concert **le samedi soir**.

Construct a drill of eight to ten items.
Use also the kind of drills utilized under "Teaching."

Before the Names of Languages

PRESENTATION

Le français est une langue moderne.
L'espagnol est une langue romane.
L'anglais n'est pas une langue difficile.
J'aime beaucoup lire l'allemand.
Nos amis apprennent à lire le russe.
Trouvez-vous le chinois difficile ?
Il analyse les sons de l'italien.
Il parle grec.
Nous parlons italien.

TEACHING

1. Remplacez **français** par les mots donnés:

Exemple: Le **français** est une langue moderne.
            — **espagnol** — — ———— ————.
            L'**espagnol** est une langue moderne.

   Construct a drill of eight to ten items, using **russe, japonais, chinois, arménien, anglais, italien, portugais, arabe,** and **grec.**

2. Remplacez **anglais** par les mots donnés:

Exemple: Nous lisons l'**anglais.**
            ———— ———— — **français.**
            Nous lisons **le français.**

Construct a drill of eight to ten items.

3. Répondez en utilisant la réponse donnée:

Exemple: Quelle langue étudiez-vous ? (français)
            J'étudie le français.

Construct a drill of eight to ten items, using also **parler** as one of the verbs.

TESTING

   Construct a drill similar to No. 3 under "Teaching."

For the use of the definite article before nouns used in a general sense, see "Nouns—Generic Use."

For the use of the definite article in partitive constructions, see "The Partitive Construction."

For the use of the definite article before geographical names, see "Geographical Names."

INDEFINITE ARTICLE*

Gender and Number

PRESENTATION

   With the aid of classroom objects and personnel, and using the questions **Qu'est-ce que c'est ?** or **Qui est-ce** elicit the following answers:

---

* For the plural of the indefinite article after a negation and before an adjective, see "The Partitive Construction—After a Negation."

C'est un crayon.
C'est un livre.
C'est un bureau.
C'est un garçon.
C'est un professeur.
C'est un élève.
C'est une porte.
C'est une fenêtre.
C'est une chaise.
C'est une jeune fille.

Ce sont des crayons.
Ce sont des livres.
Ce sont des garçons.
Ce sont des élèves.
Ce sont des fenêtres.
Ce sont des chaises.
Ce sont des jeunes filles.

TEACHING

1. Using the presentation drill above, and holding up or pointing at the objects, review **un** and **une** with different nouns until the class shows a firm grasp.

2. Mettez le nom au pluriel en faisant tout autre changement nécessaire:

Exemple: C'est un cahier.
           Ce sont des cahiers.

Construct a drill of ten to twelve items, starting with the masculine, maintaining it for three or four items, and then going on to the feminine.

3. Mettez le nom au singulier en faisant tout autre changement nécessaire:

Exemple: Ce sont des professeurs.
           C'est un professeur.

4. In the event that the negative has been learned, the following type of exercise will be useful:

Exemple: Ce sont des craies.
           Ce **ne** sont **pas** des craies.

TESTING

5. Mettez le nom au pluriel:

Exemple: Voici un mur.
           Voici **des murs**.

Construct a drill of eight to ten items.

6. Mettez le nom au singulier:

Exemple: Je vois des dames.
           Je vois **une dame**.

Construct a drill of eight to ten items.

Before Predicate Nouns

Before unmodified predicate nouns of occupation, profession, nationality, and religion

PRESENTATION

M. Duval est professeur.
Mme Darrigade est artiste.
Mlle Arnauld est couturière.
M. Chabert est français.
M. Mancini est italien.
Mon professeur est catholique.
Le sien est protestant.
Le leur est juif.

Before modified predicate nouns of occupation, profession, nationality, and religion

M. Duval est un professeur excellent.
Mme Darrigade est une artiste célèbre.
Mlle Arnauld est une très bonne couturière.
M. Chabert est un français intéressant.
M. Mancini est un italien intelligent.
Mon professeur est un catholique dévot.
Le sien est un protestant convaincu.
Le leur est un juif orthodoxe.

Before predicate nouns of occupation, profession, nationality, and religion introduced by C'est **or** Ce sont

> C'est un médecin.
> C'est un soldat.
> C'est une comédienne.
> C'est un peintre célèbre.
> C'est un bon écrivain.
> Ce sont des soldats.
> Ce sont des étudiants américains.

TEACHING

Before unmodified predicate nouns

1. Remplacez **professeur** par les mots donnés:

Example: Monsieur Chabert est professeur.
            ———— ———— —— médecin.
            Monsieur Chabert est médecin.

Construct a drill of eight to ten items.

Before modified predicate nouns

2. Faites l'exercice suivant selon l'exemple:

Exemple: Mme Dubois est couturière. (excellente)
            Mme Dubois est **une couturière excellente.**

Construct a drill of eight to ten items.

3. Enlevez l'adjectif de chaque phrase:

Exemple: M. Duclos est un jeune ingénieur.
            M. Duclos est **ingénieur.**

Construct a drill of eight to twelve items, using nouns of occupation, profession, nationality, and religion.

Before predicate nouns introduced by C'est **or** Ce sont

4. Remplacez **il est** par **c'est:**

Exemple: Il est chirurgien.
            C'est un chirurgien.

Construct a drill of eight to ten items.

TESTING

1. Remplacez le sujet par **Il est (Elle est,** etc.) ou **C'est (Ce sont)** selon le cas:

Exemples: M. Vavin est charpentier.
              Il est charpentier.
              Mlle Allard est une bonne chanteuse.
              C'est une bonne chanteuse.

Construct a drill of ten to twelve items, mixing up the cases requiring **Il est** (etc.) and **C'est** (etc.).

IV. AVOIR

CONJUGATION

PRESENTATION

Using classroom objects and appropriate gestures, teach the conjugation in the following manner:

> Jean a un livre.
> Marie a un livre.
> Henri a un livre.
> Georges a un livre.
> Henri et Georges ont un livre.
>> Ils ont un livre.
> Marie et Henri ont un livre.
>> Ils ont un livre.
> Jean et Marie ont un livre.
>> Ils ont un livre.
> Marie et Anne ont un livre.
>> Elles ont un livre.

> Henri et moi nous avons un livre.
> Marie et moi nous avons un livre.
> Georges et moi nous avons un livre.
> Jean, tu as un livre.
> Georges, tu as un livre.
> Anne, tu as un livre.
> Georges et Anne, vous avez un livre.
> Marie et Jean, vous avez un livre.
> J'ai un livre.

Teaching the verb this way avoids translation and makes it less mechanical. Thus, it retains the student's interest more easily. This procedure should be applied also to the teaching of **être** and to the introduction of the three conjugations.

TEACHING

This phase of this particular topic is really achieved in the repetition of the "Presentation" pattern.

TESTING

1. Remplacez **a** par la forme convenable du même verbe:

Exemple: Il a un cahier.

Nous ——— — ———.

Nous avons un cahier.

Construct a drill of six to eight items.

2. Mettez le verbe au pluriel:

Exemple: Il a un cahier.

Ils ont un cahier.

Construct a drill of four items.

3. Mettez le verbe au singulier.

Exemple: Nous avons une maison.

J'ai une maison.

Construct a drill of four items.

4. Mettez le verbe singulier au pluriel et le verbe pluriel au singulier:

Exemples: Elle a un frère.

Elles ont un frère.

Vous avez une sœur.

Tu as une sœur.

Construct a drill of eight items.

IDIOMS WITH AVOIR

PRESENTATION

J'ai faim.
J'ai soif.
Il a chaud.
Nous avons froid.
Elle a mal à la tête.

As-tu mal aux dents ?
Ils ont envie de sortir.
Avez-vous l'intention de lire ?

Teach the first six of the above by means of gestures, pictures, and drawings, repeating each one two or three times and asking students to repeat it in chorus and individually. The last two are examples of abstractions which are generally taught later. By that time, students will have had enough French to understand synonyms, antonyms, and explanations in French.

TEACHING

1. Remplacez **soif** par les mots donnés:

Exemple: Nous avons soif.
            ——— ——— peur.
            Nous avons **peur.**

Construct a drill of eight to ten items.

2. Demandez à un ami:

Exemple: . . . s'il a faim.
            As-tu faim ?
            (Avez-vous faim ?)

Construct a drill of eight to ten items.

3. Dis à un ami:

Exemple: . . . que tu as chaud.
            J'ai chaud.

Construct a drill of eight to ten items.

TESTING

Show drawings and pictures to illustrate situations designated by the expressions studied, and ask the students to identify them.

V. THE CONDITIONAL

THE PRESENT CONDITIONAL

Forms

PRESENTATION

Je parlerai au professeur.

Tu parleras au professeur.

  Continue for the remaining forms.

Je finirai la leçon.

Tu finiras la leçon.

  Continue for the remaining forms.

Je rendrai son livre.

Tu rendras son livre.

  Continue for the remaining forms.

  Construct similar drills for the irregular verbs.

Je parlerais au professeur.

Tu parlerais au professeur.

Je finirais la leçon.

Tu finirais la leçon.

Je rendrais son livre.

Tu rendrais son livre.

TEACHING AND TESTING

For drills appropriate for the teaching and testing of this topic, see "The Future Tense" and "The Present Tense—**Aller**."

In Contrary to Fact Conditions*

PRESENTATION

Si j'ai sommeil, je dormirai.

Si nous écoutons, nous entendrons.

Si j'avais sommeil, je dormirais.

Si nous écoutions, nous entendrions.

---

* For simple future conditions, see "The Future Tense—Conditional Sentences with the Future Tense."

Si elle descend, nous pourrons partir vite.

Si vous rentrez de bonne heure, vous pourrez vous coucher tôt.

Si j'ai mal aux dents, j'irai chez le dentiste.

Si vous mangez trop, vous aurez mal à l'estomac.

Si vous êtes malade, vous ne pourrez pas nous accompagner.

Si elle descendait, nous pourrions partir vite.

Si vous rentriez de bonne heure, vous pourriez vous coucher tôt.

Si j'avais mal aux dents, j'irais chez le dentiste.

Si vous mangiez trop, vous auriez mal à l'estomac.

Si vous étiez malade, vous ne pourriez pas nous accompagner.

TEACHING

1. Mettez la proposition subordonnée au passé:

Exemple: Si nous allons à l'aéroport, nous verrons les avions.
Si nous **allions** à l'aéroport, **nous verrions** les avions.

Construct a drill of eight items.

2. Do No. 1 in the negative.

3. Do No. 1 in the interrogative.

4. Construct drills similar to Nos. 2–4 under "The Future Tense—Conditional Sentences with the Future Tense—Teaching."

5. Use drills similar to Nos. 1–4 for the conditions in past time.

TESTING

Construct drills similar to those under "Teaching," mixing up affirmative, negative, and interrogative sentences.

THE CONDITIONAL PERFECT

Forms

PRESENTATION

J'aurai parlé à mon ami.
Tu auras parlé à mon ami.
Continue for the remaining forms.

J'aurais parlé à mon ami.
Tu aurais parlé à mon ami.

J'aurai fini le travail.   J'aurais fini le travail.
Tu auras fini le travail.   Tu aurais fini le travail.
 Continue for the remaining forms.

J'aurai rendu l'argent.   J'aurais rendu l'argent.
Tu auras rendu l'argent.   Tu aurais rendu l'argent.
 Continue for the remaining forms.

Je serai rentré(e).   Je serais rentré(e).
Tu seras rentré(e).   Tu serais rentré(e).
Il sera rentré.   Il serait rentré.
Nous serons rentré(e)s.   Nous serions rentré(e)s.
 Continue for the remaining forms.

Je me serai levé(e) de bonne heure. Je me serais levé(e) de bonne heure.
Tu te seras levé(e) de bonne heure. Tu te serais levé(e) de bonne heure.
Il se sera levé de bonne heure. Il se serait levé de bonne heure.
Nous nous serons levé(e)s de bonne Nous nous serions levé(e)s de bonne
 heure.   heure.
 Continue for the remaining forms.

For negation and interrogation with the compound tenses, see "Negation" and "Interrogation."

TEACHING AND TESTING

For drills appropriate for the teaching and testing of this topic, see "The Future Tense," "The Present Tense—**Aller**," "The Perfect Tense," "Negation," and "Interrogation."

In Conditional Sentences

PRESENTATION

Si j'avais de l'argent, j'achèterais ce Si j'avais eu de l'argent, j'aurais
 complet.   acheté ce complet.
S'il disait la vérité, nous saurions les S'il avait dit la vérité, nous aurions su
 faits.   les faits.
Si tu attendais, tu le verrais. Si tu avais attendu, tu l'aurais vu.
Si vous marchiez plus vite, vous y Si vous aviez marché plus vite, vous y
 arriveriez bientôt.   series arrivé bientôt.

Si nous étions riches, nous irions à Paris.

Si les enfants venaient, nous leur donnerions leurs cadeaux.

Si je restais, je m'amuserais.

Si nous avions été riches, nous serions allés à Paris.

Si les enfants étaient venus, nous leur aurions donné leurs cadeaux.

Si j'étais resté, je me serais amusé.

TEACHING

1. Dites à quelqu'un:

Exemple: ... que si vous aviez su cela, vous le lui auriez dit.

    Si j'avais su cela, je vous l'aurais dit.

Construct a drill of ten to twelve items.

2. Demandez à quelqu'un:

Exemple: ... s'il aurait écrit ces lettres s'il avait su la vérité.

    Auriez-vous écrit ces lettres si vous aviez su la vérité?

Construct a drill of ten to twelve items.

3. Répondez à l'affirmatif:

Exemple: Auriez-vous écrit ces lettres si vous aviez su la vérité?

    Oui, j'aurais écrit ces lettres **si j'avais su** la vérité.

The answers in Exercise 2 may be used in this one. If greater variety is desired, new sentences may be created.

4. Refaites l'exercice 3 au négatif:

5. Mettez au passé:

Exemple: Si nous chantions, nous nous amuserions.

    Si nous **avions chanté**, nous nous **serions amusés**.

Construct a drill of twelve to fourteen items.

TESTING

1. Répondez aux questions suivantes (the student may answer according to his situation or desires):

Exemple: Où seriez-vous allé si vous aviez eu le temps?

    Si j'avais eu le temps, je serais allé en ville.

Construct a drill of ten to twelve items.

2. Construct a drill similar to No. 5 under "Teaching".

VI. DEMONSTRATIVES

DEMONSTRATIVE ADJECTIVES

PRESENTATION

Utilizing classroom objects and personnel, develop the following pattern:

Ce crayon est à Henri.
Ce stylo est à Marie.
Ce pupitre est à Jean.
Cette feuille est à Étienne.
Cette chaise est à David.
Cette porte est grande.
Cet élève est bon.
Cet enfant est grand.
Cet étudiant est intelligent.
Ces crayons sont bons.
Ces stylos écrivent bien.
Ces feuilles sont grandes.
Ces chaises sont confortables.
Ces élèves sont intelligents.
Ces étudiants travaillent beaucoup.

Ce crayon-ci est jaune, mais ce crayon-là est rouge.
Ce garçon-ci est mon voisin, mais ce garçon-là est mon ami.
Cette fenêtre-ci est grande, mais cette fenêtre-là est petite.
Ces stylos-ci sont bons, mais ces stylos-là sont mauvais.
Ces élèves-ci sont intelligents, mais ces élèves-là sont aussi intelligents.

TEACHING

1. Remplacez l'article défini par l'adjectif démonstratif:

Exemple: Le crayon est à Henri.
           Ce crayon est à Henri.

Construct a drill of ten to twelve items, using only the singular of the demonstrative adjective.

2. Construct a drill similar to No. 1, using only the plural.

3. Remplacez l'adjectif démonstratif par l'article défini:

Exemple: Cet arbre est majestueux.
            L'arbre est majestueux.

Construct a drill of eight to ten items.

4. Mettez le sujet au singulier:

Exemple: Ces enfants sont charmants.
            Cet enfant est charmant.

Construct a drill of eight to ten items.

5. Répondez selon les exemples:

Exemples: Quel crayon voulez-vous?
             Je veux ce crayon-ci.
             Quels livres voulez-vous acheter?
             Je veux acheter ces livres-ci.

Construct a drill of eight to ten items.

6. Faites l'exercice suivant selon les exemples:

Exemples: Pourquoi aimez-vous ces livres-ci?
             Parce que ces livres-ci sont meilleurs que ces livres-là.
             Pourquoi avez-vous acheté ces robes-là?
             Parce que ces robes-là sont meilleures que ces robes-ci.

Construct a drill of eight to ten items.

TESTING

1. Faites l'exercice suivant selon les exemples:

Exemples: Prenez cette cravate-ci.
             Je préfère prendre cette cravate-là.
             Buvez ce vin-là.
             Je préfère boire ce vin-ci.

Construct a drill of eight to ten items.

2. Use the same kind of drills as for "Teaching," but mix the items.

DEMONSTRATIVE PRONOUNS

Celui-ci, Celui-là, etc.

PRESENTATION

Nous préférons ce livre-ci.	Nous préférons celui-ci.
Nous préférons ce tableau-ci.	Nous préférons celui-ci.
Nous aimons mieux ce bâtiment-ci.	Nous aimons mieux celui-ci.
Nous aimons mieux ce professeur-là.	Nous aimons mieux celui-là.
Elle a acheté cette blouse-ci.	Elle a acheté celle-ci.
Elle assiste à cette classe-ci.	Elle assiste à celle-ci.
Je comprends mieux cette dame-ci.	Je comprends mieux celle-ci.
Voyez-vous cet homme-ci?	Voyez-vous celui-ci?
Non, je vois cet homme-là.	Non, je vois celui-là.

Do the same with the plural, using the same or different sentences and different vocabulary.

TEACHING

1. Remplacez l'adjectif démonstratif et le nom qu'il qualifie par le pronom démonstratif:

Exemple: Je lis ce livre-ci.
             Je lis **celui-ci**.

Construct a drill of ten to twelve items, using only the singular with **-ci**, but employing it in negative sentences as well as with past tenses.

2. Construct a similar drill of ten to twelve items with **celui-là** and **celle-là**.

3. Construct a similar drill of ten to twelve items, using all the plurals—**ceux-ci, ceux-là, celles-ci, celles-là**.

4. Répondez en utilisant **celui-ci, celles-ci, ceux-ci**, et **celles-ci**:

Exemples: Quel livre voulez-vous?
             Je veux celui-ci.
             Quelles places préférez-vous?
             Je préfère celles-ci.

Construct a drill of twelve to fourteen items, using the singular, plural, masculine, and feminine.

5. Répondez en choisissant la première des deux réponses possibles, en remplaçant aussi l'adjectif démonstratif et le nom qu'il qualifie par le pronom démonstratif:

Exemple: Aimez-vous mieux ce chapeau-ci ou ce chapeau-là ?
          J'aime mieux celui-ci.

Construct a drill of eight to ten items.

6. Construct a drill similar to No. 5, asking the student to use the second alternative.

7. Mettez le pronom démonstratif au pluriel:

Exemple: Celui-ci est meilleur.
          Ceux-ci sont meilleurs.

Construct a drill of eight to ten items, using all the forms of the demonstrative pronoun learned thus far.

8. Mettez le pronom démonstratif au singulier:

Exemples: Avez-vous essayé celles-là ?
          Avez-vous essayé **celle-là** ?
          Je n'ai pas mis les lettres dans ceux-là.
          Je n'ai pas mis les lettres dans **celui-là.**

Construct a drill of eight to ten items.

TESTING

Use all the different types of exercises under "Teaching," quickly changing tense and gender and using negative and interrogative, as well as affirmative, sentences. Be sure to use some prepositions before demonstrative pronouns, and vary the vocabulary as much as possible.

Celui qui, Celui que, etc.

PRESENTATION

Voulez-vous ce roman-ci ?	Non, je veux celui qui est à gauche.
Avez-vous choisi ces bas-ci ?	Non, j'ai choisi ceux qui sont devant moi.
Quelle jupe allez-vous acheter ?	Je vais acheter celle qui est à droite.
Quelles jeunes filles assistent à votre école ?	Celles qui parlent là-bas assistent à mon école.
Quel fromage préférez-vous ?	Je préfère celui que vous voyez là-bas.
Quels livres avez-vous écrits ?	J'ai écrit ceux que vous avez vus hier chez moi.

Quelle fleur aimez-vous mieux ?	J'aime mieux celle que vous avez ramassée.
Quelles dames avez-vous rencontrées ?	J'ai rencontré celles que vous avez chez les Dupont.
De quel jeune hommes parlez-vous ?	Je parle de celui qui est l'ami des Boileau.
Pour quelle jeune fille apportez-vous ce cadeau ?	J'apporte ce cadeau pour celle que je connais depuis longtemps.

TEACHING

1. Remplacez l'adjectif démonstratif et le nom qui le suit par le pronom démonstratif:

Exemple: Nous préférons ce livre qui est à gauche.
              Nous préférons **celui** qui est à gauche.

Construct a drill of twelve to fourteen items, using the singular, plural, masculine, and feminine of the demonstrative pronoun with **qui**. Use negative and interrogative sentences in the tenses studied.

2. Construct a drill similar to No. 1 for **celui que, celle que**, etc.

3. Mettez le pronom démonstratif au pluriel:

Exemple: Celle qui est devant la maison est très belle.
              Celles qui **sont** devant la maison **sont très belles.**

Construct a drill of eight to twelve items, using the demonstrative pronoun as subject and object of the verb and as object of prepositions.

4. Mettez le pronom démonstratif au singulier:

Exemple: Je l'ai vu près de celles qui sont là-bas.
              Je l'ai vu près de **celle** qui **est** là-bas.

Construct a drill of eight to twelve items, using the demonstrative pronoun as subject and object of the verb and as object of prepositions.

5. Faites l'exercice suivant selon les exemples:

Exemples: Laquelle des peintures aimez-vous ? (à gauche)
               J'aime celle qui est à gauche.

              Lesquels des enfants avez-vous vus ? (devant vous)
               J'ai vu ceux qui sont devant vous.

Construct a drill of eight to ten items, making the antecedent of the demonstrative pronouns the object of the verb in the stimulus sentence.

6. Faites l'exercice suivant selon l'exemple:

Exemple: Laquelle des jeunes filles est votre sœur ? (vous voyez là-bas)
Celle que vous voyez là-bas.

Construct a drill of eight to ten items, using **celui que**, etc., with different tenses, negatives, and interrogatives.

TESTING

Use drills similar to those under "Teaching," mixing the forms and affirmative sentences with negatives and interrogatives. Do not neglect any tenses already learned by the student.

Celui + Preposition

PRESENTATION

Voici celui pour qui je travaillais.
Voilà celui avec qui j'étudiais.
Voici celle dont nous parlions.
Voici ceux dont nous avions besoin.
Voilà celle dans laquelle j'avais mis les lettres.
Connaissez-vous ceux à qui j'écris maintenant ?
Ont-ils fait la connaissance de ceux derrière qui nous étions assis au cinéma ?

TEACHING

1. Remplacez le nom devant la préposition **de**:

Exemple: Connaissez-vous le cousin de ma tante ?
Connaissez-vous **celui** de ma tante ?

Nous avons acheté le roman de Camus.   Nous avons acheté celui de Camus.
Nous nous sommes servis de la voiture   Nous nous sommes servis de celle de
de mon père.   mon père.
Savez-vous la leçon de demain ?   Savez-vous celle de demain ?

Continue for eight to ten items, using only **celui de, celle de, ceux de,** and **celles de**.

2. Remplacez le nom devant la préposition:

Exemple: Voici l'homme pour qui je travaille.
Voici **celui** pour qui je travaille.

Construct a drill of twelve to fourteen items.

TESTING

Use drills similar to those under "Teaching," utilizing all forms of the demonstrative pronoun with as many different prepositions as possible, changing from sentence to sentence. Be sure to use different tenses, negatives, and interrogatives.

VII. THE DEPUIS CONSTRUCTION

TENSES WITH DEPUIS

PRESENTATION

a. DEPUIS and the present

J'ai commencé à travailler il y a deux heures.

Je travaille depuis deux heures.

Nous avons commencé à parler il y a cinq minutes.

Nous parlons depuis cinq minutes.

Nous sommes arrivés il y a une demi-heure

Nous sommes ici depuis une demi-heure.

Elle s'est mariée il y a huit ans.

Elle est mariée depuis huit ans.

Il est devenu médecin il y a dix ans.

Il est médecin depuis dix ans.

b. DEPUIS and the imperfect

J'avais commencé à travailler il y avait deux heures.

Je travaillais depuis deux heures.

Nous avions commencé à parler il y avait cinq minutes.

Nous parlions depuis cinq minutes.

Nous étions arrivés il y avait une demi-heure.

Nous étions ici depuis une demi-heure.

Elle s'était mariée il y avait dix ans.

Elle était mariée depuis dix ans.

Il était devenu médecin il y avait cinq ans.

Il était médecin depuis cinq ans.

c. DEPUIS versus COMBIEN DE TEMPS

Il travaille depuis deux heures.

Depuis combien de temps travaille-t-il ?

Nous parlons depuis cinq minutes.

Depuis combien de temps parlons-nous ?

Nous sommes ici depuis une demi-heure.

Depuis combien de temps sommes-nous ici ?

Elle était mariée depuis dix ans.

Depuis combien de temps était-elle mariée ?

Il était médecin depuis cinq ans.

Depuis combien de temps était-il médecin ?

Ils étaient ici depuis quarante-cinq minutes quand vous êtes arrivés.

Depuis combien de temps étaient-ils ici quand nous sommes arrivés ?

d. DEPUIS QUAND

Il est ici depuis hier.

Depuis quand est-il ici ?

Elles étudient le français depuis l'année dernière.

Depuis quand étudient-elles le français ?

Elle est malade depuis que nous sommes ici.

Depuis quand est-elle malade ?

Nous suivons ce cours depuis le mois dernier.

Depuis quand suivez-vous le cours ?

Ils nous rendent visite depuis que nous les connaissons.

Depuis quand vous rendent-ils visite ?

Nous les connaissions depuis leur arrivée.

Depuis quand les connaissiez vous ?

Elles s'écrivaient depuis leur enfance.

Depuis quand s'écrivaient-elles ?

Je lisais depuis deux heures (two o'clock).

Depuis quand lisiez-vous ?

TEACHING

a. DEPUIS and the present

1. Faites l'exercice suivant selon l'exemple:

Exemple: Depuis combien de temps travaille-t-il ? (cinq minutes)
   Il travaille depuis cinq minutes.

Construct a drill of ten to twelve items, using only the present tense.

2. Formulez les questions qui exigent les réponses suivantes:

Exemple: Il habite New York depuis sept ans.
   Depuis combien de temps habite-t-il New York ?

Construct a drill of ten to twelve items.

3. Formulez les questions qui exigent les réponses suivantes:

Exemple: Elle la connaît depuis l'année dernière.
                  Depuis quand la connaît-elle ?

Construct a drill of eight to ten items.

4. Faites l'exercice suivant selon l'exemple:

Exemple: Il est arrivé il y a quinze minutes.
                  Il est ici depuis quinze minutes.

Construct a drill of ten to twelve items.

b. DEPUIS and the imperfect

5. Mettez au passé:

Exemple: Avez-vous cette maison depuis longtemps ?
                  Aviez-vous cette maison depuis longtemps ?

Construct a drill of ten to twelve items.

Use drills similar to Nos. 1–4, including affirmative, negative, and interrogative sentences.

c. DEPUIS combien de temps

6. Formulez les questions qui exigent les réponses suivantes:

Exemple: Elle étudie le français depuis trois ans.
                  Depuis combien de temps étudie-t-elle le français ?

Construct a drill of eight to ten items, using exclusively the present tense.

7. Formulez les questions qui exigent les réponses suivantes:

Exemple: Mes amis étaient ici depuis cinq minutes quand vous êtes arrivés.
                  Depuis combien de temps vos amis étaient-ils ici quand nous sommes arrivés ?

Construct a drill of ten to twelve items, using exclusively the imperfect tense. For less advanced students, use pronoun subjects first.

TESTING

1. Faites l'exercice suivant selon les exemples:

Exemples: Depuis combien de temps lisez-vous ? (longtemps)
                  Je lis depuis longtemps.

Depuis quand était-il malade ? (l'année dernière)
Il était malade depuis l'année dernière.

Construct a drill of ten to twelve items, varying the tense from sentence to sentence.

2. Formulez les questions qui exigent les réponses suivantes:

Exemple: Ils étaient heureux depuis leur arrivée.
Depuis quand étaient-ils heureux ?

Construct a drill of ten to twelve items.

DEPUIS IN A NEGATIVE SENTENCE

PRESENTATION

Je ne l'ai pas vu depuis longtemps.
Nous n'avons pas reçu de leurs nouvelles depuis l'année dernière.
Mes parents ne m'ont pas écrit depuis un mois.
Nos cousins ne sont pas retournés en France depuis cinq ans.
Leurs voisins ne leur avaient pas parlé depuis dix semaines.
Son ami ne lui avait pas donné de cadeaux depuis plusieurs années.

TEACHING

1. Faites l'exercice suivant selon l'exemple:

Exemple: Nous chantons depuis une heure.
Nous n'avons pas chanté depuis une heure.

Construct a drill of eight to ten items.

DEPUIS versus VOILÀ ... QUE AND IL Y A ... QUE

PRESENTATION

Nous écrivons depuis dix minutes.

Voilà dix minutes que nous écrivons.

Elles se disputent depuis une demi-heure.

Voilà une demi-heure qu'elles se disputent.

Les enfants jouent depuis longtemps.

Voilà longtemps que les enfants jouent.

Ils connaissent mes parents depuis peu de temps.

Voilà peu de temps qu'ils connaissent mes parents.

| Ils essaient depuis une heure de réparer la voiture. | Voilà une heure qu'ils essaient de réparer la voiture. |

Go through the same drill, replacing **voilà . . . que** with **il y a . . . que**.

TEACHING

Use all the drills under the "Depuis Construction" above, using **voilà . . . que** or **il y a . . . que** instead of **depuis**. Instead of **depuis quand**, use **combien de temps y a-t-il que**.

TESTING

Use all the drills under the "Depuis Construction" above, using **voilà . . . que** or **il y a . . . que** instead of **depuis**. Instead of **depuis quand**, use **combien de temps y a-t-il que**.

DEPUIS QUAND versus COMBIEN DE TEMPS*

PRESENTATION

Depuis quand êtes-vous aux États-Unis ?	Combien de temps avez-vous passé aux États-Unis l'année dernière ?
Depuis quand assistez-vous à cette école ?	Combien de temps avez-vous assisté à cette école quand vous demeuriez ici ?
Depuis combien de temps étudiiez-vous le français quand vous avez décidé d'aller en France ?	Combien de temps avez-vous étudié le français ?
Depuis combien de temps marchiez-vous quand vous avez décidé de vous arrêter ?	Combien de temps avez-vous marché aujourd'hui ?
Depuis combien de temps courez-vous ?	Combien de temps avez-vous couru aujourd'hui ?

TEACHING

1. Faites l'exercice suivant selon l'exemple:

Exemple: J'ai passé cinq ans à Paris.
   Combien de temps avez-vous passé à Paris ?

Construct a drill of eight to ten items.

_____

* Do not confuse with "depuis combien de temps."

TESTING

2. Faites l'exercice suivant selon les exemples:

Exemples: Nous voyagions depuis trois semaines quand nous avons décidé de rentrer.
Depuis combien de temps voyagiez-vous quand vous avez décidé de rentrer?
Mes frères ont passé cinq heures à étudier cette leçon.
Combien de temps vos frères ont-ils passé à étudier cette leçon?

Construct an exercise of twelve to fourteen items, using the present and imperfect with **depuis**, as well as all possible tenses with **combien de temps**.

DEPUIS versus PENDANT

PRESENTATION

Nos amis seront au Mexique pendant cinq semaines.
Mes sœurs resteront à Paris pendant deux mois.
Nous avons l'intention de travailler pendant trois heures.
Elle va rester ici pendant sept semaines.

TEACHING

1. Remplacez **cinq heures** par les expressions données:

Exemple: Nous resterons ici pendant cinq heures.
———— ———————— —— ———— quatre jours.
Nous resterons ici pendant **quatre jours**.

Construct a drill of six to ten items.

2. Répondez en employant les renseignements donnés:

Exemple: Pendant combien de temps resterez-vous à Lourdes? (un mois)
Je resterai à Lourdes pendant un mois.

Construct a drill of six to eight items.

TESTING

1. Formulez les questions qui exigent les réponses suivantes:

Exemples: Nos parents resteront en Italie pendant trois semaines.
Pendant combien de temps vos parents resteront-ils en Italie?

Mon frère était en Grèce depuis quatre ans quand il a décidé d'aller en France.

Depuis combien de temps votre frère était-il en Grèce quand il a décidé d'aller en France ?

Construct a drill of twelve to fourteen items, using the present and imperfect with **depuis,** negative sentences in the perfect and pluperfect with **depuis,** and sentences requiring the use of **combien de temps.**

VIII. DEVOIR

PRESENTATION

TO OWE

Je dois de l'argent à mon ami.
Nous leur devons une lettre.
Ils nous doivent une visite.
Ne vous doivent-ils pas un livre?
Lui dois-tu un cadeau?

TO HAVE TO (less strong than FALLOIR), TO BE SUPPOSED TO, TO BE SCHEDULED TO

Il doit venir nous chercher ici.
Vous devez aller le voir.
Nous devons partir à midi.
Ils devaient aller au théâtre.
Ne devais-tu pas jouer du piano hier soir?
Je devais jouer au football cet après-midi.

SHOULD, OUGHT TO, SHOULD HAVE, OUGHT TO HAVE

Nous devrions attendre ici.
Ils devraient partir de bonne heure.
Tu devrais faire tes devoirs.
Il devrait écouter plus attentivement.

Nous aurions dû attendre ici.
Ils auraient dû partir de bonne heure.
Tu aurais dû faire tes devoirs.
Ils auraient dû écouter plus attentivement.

MUST HAVE, HAD TO (and did)

Vous avez dû recevoir un tas de choses.
Ils ont dû arriver en retard.
Tu as dû faire plaisir à ta tante.
Elle a dû lire le journal.
Nous avons dû attendre quelques minutes.
Avez-vous dû l'écouter pendant toute la soirée ?
Ont-ils dû retourner ce soir ?
Ils ont dû acheter quelques souvenirs.
Elles avaient dû rendre les livres.

TEACHING

TO OWE

1. Remplacez **ami** par les mots donnés:
Exemple: Je dois de l'argent à mon ami.
— —— — —— — —— frère.
Je dois de l'argent à mon **frère**.
Construct a drill of six to eight items.

2. Remplacez **devons** par la forme convenable du même verbe:
Exemple: Nous leur devons une lettre.
Je —— —— — ——.
Je leur **dois** une lettre.
Construct a drill of six to eight items.

TO HAVE TO, TO BE SUPPOSED TO, TO BE SCHEDULED TO

3. Remplacez **à midi** par les expressions données:
Exemple: Nous devions partir à midi.
—— —— —— — une heure.
Nous devions partir **à une heure**.
Construct a drill of eight to ten items.

4. Remplacez **doit** par la forme convenable du même verbe:
Exemple: Il **doit** venir les chercher ici.
Nous —— —— — —— —.
Nous devons venir les chercher ici.
Construct a drill of six to eight items.

5. Faites l'exercice suivant selon l'exemple:

Exemple: Pourquoi jouerez-vous au football cet après-midi?
           Je dois jouer au football cet après-midi.

Construct a drill of eight to ten items.

SHOULD, OUGHT TO, SHOULD HAVE, OUGHT TO HAVE

6. Faites l'exercice suivant selon les exemples:

Exemples: Où devrions-nous attendre? (ici)
            Nous devrions attendre **ici**.

            Quand devraient-ils partir? (demain)
            Ils devraient partir **demain**.

Construct a drill of six to ten items.

7. Faites l'exercice suivant selon l'exemple:

Exemple: Pourquoi sont-ils partis hier?
           Parce qu'ils auraient dû partir hier.

Construct a drill of eight to ten items.

8. Mettez au passé:

Exemple: Nous devrions travailler assez tard.
           Nous aurions dû travailler assez tard.

HAD TO (and did), MUST HAVE

9. Faites l'exercice suivant selon les exemples:

Exemples: Êtes-vous allé au marché?
            Oui, j'ai dû aller au marché.

            Avez-vous écrit une composition?
            Oui, j'ai dû écrire une composition.

Construct a drill of eight to ten items.

10. Faites l'exercice suivant selon l'exemple:

Exemple: Il est probable qu'il était chez les Dupont.
           Il a dû être chez les Dupont.

Construct a drill of eight to ten items.

11. Faites l'exercice suivant selon les exemples:

Exemples: Pourquoi n'a-t-il pas fait son travail ? (il était fatigué)
Il a dû être fatigué.

Pourquoi n'étaient-elles pas au concert ? (elles étaient malades)
Elles ont dû être malades.

TESTING

Construct drills similar to Nos. 5–11.

IX. THE FUTURE TENSE

FORMS

PRESENTATION

Maintenant je parle au professeur.   Demain je parlerai au professeur.
Maintenant tu parles au professeur.   Demain tu parleras au professeur.

  Continue for the remaining forms.

Maintenant je finis la leçon.   Demain je finirai la leçon.
Maintenant tu finis la leçon.   Demain tu finiras la leçon.

  Continue for the remaining forms.

Maintenant je rends son livre.   Demain je rendrai son livre.
Maintenant tu rends son livre.   Demain tu rendras son livre.

  Continue for the remaining forms.

Construct similar presentation drills for such irregular verbs as **aller, avoir, envoyer, être, faire, mourir, pouvoir, savoir, tenir, valoir, voir, vouloir, s'asseoir, employer, s'ennuyer, payer, acheter, appeler,** and **jeter.**

TEACHING

1. Remplacez **donneront** par la forme convenable du même verbe:

Exemple: Ils leur donneront les billets.
            Tu —— ———— —— ————.
            Tu leur **donneras** les billets.

Construct a drill of six items.

2. Remplacez **remplissons** par la forme convenable du même verbe:

Exemple: Nous remplissons le questionnaire.

           Elle ——— — ————.

           Elle remplit le questionnaire.

Continue as in No. 1.

3. Remplacez **répondras** par la forme convenable du même verbe:

Exemple: Tu répondras à sa question.

           Nous ——— — — ———.

           Nous répondrons à sa question.

Continue as in No. 1.

4. Construct drills similar to No. 3 for the irregular verbs.

TESTING

5. Mettez au futur:

Exemple: Nous chantons la Marseillaise.

           Nous **chanterons** la Marseillaise.

Construct a drill of twelve to fourteen items, using verbs such as **lire**, **écrire**, **dire**, etc., negatively, interrogatively, and negative-interrogatively.

6. Mettez au futur:

Exemple: Nous avons écrit un poème.

           Nous **écrirons** un poème.

Construct a drill of ten to twelve items, using tenses other than the present for the stimulus (problem sentence). Use also negation and interrogation.

7. Construct drills similar to Nos. 5 and 6 above for the irregular verbs.

8. Demandez à un ami:

Exemples: . . . où il ira cet après-midi.

           Où iras-tu cet après-midi?

           . . . s'il écrira des lettres à ses amis.

           Écriras-tu des lettres à tes amis?

Construct a drill of twelve to fourteen items, using regular and irregular verbs in the affirmative and negative.

9. Répondez à l'affirmatif:

Exemple: Enverrez-vous des bijoux à votre sœur?
Oui, j'enverrai des bijoux à ma sœur.

Construct a drill of ten to twelve items.

10. Do No. 9 in the negative:

Exemple: Enverrez-vous des bijoux à votre sœur?
Non, je **n'enverrai pas** de bijoux à ma sœur.

WITH QUAND, LORSQUE, AUSSITÔT QUE, DÈS QUE

PRESENTATION

Si j'ai le temps, j'écrirai mes lettres.	Quand j'aurai le temps, j'écrirai mes lettres.
Si nous voyons nos amis, nous les inviterons chez nous.	Quand nous verrons nos amis, nous les inviterons chez nous.
Si vous recevez de ses nouvelles, dites-le-moi.	Quand vous recevrez de ses nouvelles, dites-le-moi.
Si elle arrive, nous partirons ensemble.	Quand, elle arrivera, nous partirons ensemble.

When the pattern with **quand** is established, use **lorsque, aussitôt que,** and **dès que** with the same sentences. At the more advanced level, use also some of the less frequently occurring conjunctions.

TEACHING

1. Mettez au futur:

Exemple: Quand j'ai le temps, j'écris des lettres.
Quand j'**aurai** le temps, j'**écrirai** des lettres.

Construct a drill of eight to ten items, using only **quand.**

2. Repeat No. 11 with **lorsque, dès que, aussitôt que,** and any other conjunction that has been introduced.

3. Répondez en utilisant la réponse donnée:

Exemple: Quand quitterez-vous la maison? (quand je finirai mon travail)
Je quitterai la maison quand je finirai mon travail.

Construct a drill of ten to twelve items, using **lorsque, aussitôt que, dès que,** and other conjunctions in the answer.

4. Dites à un ami:

Exemple: . . . que vous regarderez la télévision quand vous rentrerez.

Je regarderai la télévision quand je rentrerai.

Construct a drill of ten to twelve items, using **lorsque**, etc.

TESTING

1. Demandez à un ami:

Exemples: . . . ce qu'il fera quand il ira en ville.

Que feras-tu quand tu iras en ville?

   . . . pourquoi il ne voudra pas vous accompagner quand vous irez au concert.

Pourquoi ne voudras-tu pas nous accompagner quand nous irons au concert?

Construct a drill of ten to twelve items, using **pourquoi, où, comment, si,** etc., in the questions and **lorsque,** etc. in the dependent clauses of other sentences. Be sure to use some negation.

2. For additional exercises, use drills similar to Nos. 1–4 under "Teaching."

CONDITIONAL SENTENCES WITH THE FUTURE TENSE

PRESENTATION

Si j'étudie, j'apprends.

S'il pleut, nous restons chez nous.

Si vous buvez trop de vin, vous vous enivrez.

Nous mangeons trop si nous restons longtemps à table.

Si j'étudie, j'apprendrai.

S'il pleut, nous resterons chez nous.

Si vous buvez trop de vin, vous vous enivrerez.

Nous mangerons trop si nous restons longtemps à table.

TEACHING

1. Répétez chaque phrase après **Si vous venez me voir:**

Exemple: . . . je vous dirai les nouvelles.

Si vous venez me voir, je vous dirai les nouvelles.

Construct a drill of eight to ten items.

2. Mettez le verbe principal au futur:

Exemple: Si nous parlons trop, nous nous fatiguons.
Si nous parlons trop, nous nous **fatiguerons**.

Construct a drill of eight to ten items, using interrogative, negative, and negative-interrogative sentences.

3. Répondez en utilisant la réponse donnée:

Exemple: Où irez-vous si vous avez le temps? (au stade)
J'irai au stade si j'ai le temps.

Construct a drill of eight to ten items.

4. Formulez les questions qui exigent les réponses suivantes, en commençant chaque question par **où, que, qui**, etc.

Exemple: J'irai au stade si j'ai le temps.
Où irez-vous si vous avez le temps?

Construct a drill of eight to ten items.

TESTING

1. Répondez à l'affirmatif:

Exemple: N'irez-vous pas à la plage si vous allez bien?
Si, j'irai à la plage, si je vais bien.

Construct a drill of eight to ten items.

2. Répondez au négatif:

Exemple: N'irez-vous pas à la plage si vous allez bien?
Non, je n'irai pas à la plage si je vais bien.

Construct a drill of eight to ten items.

3. Construct a drill similar to No. 4, under "Teaching."

FUTURE OF PROBABILITY

PRESENTATION

Quelle heure est-il?	Il sera une heure.
Qui frappe à la porte?	Ce sera mon ami.
Quel est ce bruit?	Ce sera le bruit fait par les enfants.
Où est-ce que nous nous réunissons?	Ce sera à la place Roosevelt.
Quel enfant cherche-t-il?	Ce sera celui-ci.
De qui est la lettre?	Elle sera de mon **père**.

TEACHING

1. Faites l'exercice suivant selon l'exemple:

Exemple: Je crois que c'est mon ami.
          Ce sera mon ami.

Construct a drill of eight to twelve items.

2. Faites l'exercice suivant selon l'exemple:

Exemple: Quelle maison va-t-il acheter ? (celle-ci)
          Ce sera celle-ci.

Construct a drill of eight to ten items.

3. Faites l'exercice suivant selon l'exemple:

Exemple: Il sait probablement la réponse.
          Il saura la réponse.

Construct a drill of eight to ten items.

TESTING

Construct drills similar to Nos. 1–3 under "Teaching."

X. THE FUTURE PERFECT*

FORMS

PRESENTATION

Cet après-midi je ferai mon travail.	J'aurai fini mon travail à cinq heures.
Cet après-midi tu feras ton travail.	Tu auras fini ton travail à cinq heures.
Cet après-midi il fera son travail.	Il aura fini son travail à cinq heures.

Finish the conjugation in the same pattern. If more work is needed, use other verbs—regular or irregular.

Il arrivera à cinq heures.	Il sera arrivé à cinq heures.
Ils partiront à onze heures.	Ils seront partis à onze heures.
Elle se lève de bonne heure.	Elle se sera levée de bonne heure.
Tu t'endors facilement.	Tu te seras endormi facilement.

Go through the whole conjugation of each type of verb.

TEACHING

1. Remplacez **aura** par la forme convenable du même verbe:

Exemple: Elle aura perdu du temps.
      Tu —— —— — ——.
      Tu auras perdu du temps.

2. Mettez au futur antérieur:

Exemple: Nous avons fait les courses.
      Nous **aurons** fait les courses.

Construct a drill of six to eight items.

---

* See also "Negation—With Compound Tenses," "Interrogation," and "Negative-Interrogative Sentences."

3. Remplacez **serez** par la forme convenable du même verbe:

Exemple: Vous serez revenu à minuit.
           Elle —— ———— — ————.
           Elle sera revenue à minuit.

Construct a drill of six to eight items.

4. Mettez au futur antérieur:

Exemple: Nous commencerons le match.
           Nous **aurons commencé** le match.

Construct a drill of eight to ten items, using regular and irregular verbs. Confine the stimulus sentence to the future.

5. Do No. 3 in the negative, interrogative, and negative-interrogative.

6. Mettez au futur antérieur en remplaçant le nom régime par le pronom:

Exemple: Nous commencerons le match.
           Nous **l'aurons commencé**.

Construct a drill of ten to twelve items, using only masculine singular nouns as objects.

TESTING

1. Mettez au futur antérieur:

Exemple: N'enverrez-vous pas les lettres ?
           N'aurez-vous pas envoyé les lettres ?

Construct a drill of ten to twelve items.

2. Mettez au futur antérieur:

Exemple: Je sortirai à huit heures.
           Je **serai sorti** à huit heures.

Construct a drill of ten to twelve items.

3. Mettez au futur antérieur:

Exemple: Le lui avez-vous rendu ?
           Le lui **aurez**-vous rendu ?

Construct a drill of twelve to fourteen items.

WITH QUAND, LORSQUE, DÈS QUE, AUSSITÔT QUE

PRESENTATION

Nous sortirons quand nous finirons cette besogne.

Nous sortirons quand nous aurons fini cette besogne.

Téléphonez-moi quand vous recevrez cette lettre.

Téléphonez-moi quand vous aurez reçu cette lettre.

Je vous le dirai quand je le saurai.

Je vous le dirai quand je l'aurai su.

Ils nous le diront aussitôt qu'ils recevront les nouvelles.

Ils nous le diront aussitôt qu'ils auront reçu les nouvelles.

Continue, using **lorsque**, **dès que**, and any other appropriate expression that has been learned.

TEACHING

1. Demandez à un ami:

Exemples: . . . ce qu'il fera quand il aura fini sa lecture.
     Que feras-tu quand tu auras fini ta lecture ?

     . . . pourquoi il ne sortira pas après être rentré du bureau.
     Pourquoi ne sortiras-tu pas après être rentré du bureau ?

Construct a drill of ten to twelve items.

2. Dites à un ami:

Exemple: . . . que vous irez voir la Comédie Française quand vous serez arrivé à Paris.
     J'irai voir la Comédie Française quand je serai arrivé à Paris.

Construct a drill of eight to ten items.

3. Faites l'exercice suivant selon l'exemple:

Exemple: Quand partirez-vous pour l'Italie ? (aussitôt que j'aurai vendu ma maison)
     Je partirai pour l'Italie aussitôt que j'aurai vendu ma maison.

Construct a drill of ten to twelve items, using **lorsque**, **quand**, **dès que**, and other conjunctions in the answer.

TESTING

Use drills similar to Nos. 1–3 under "Teaching."

FUTURE PERFECT OF PROBABILITY

PRESENTATION

Il a probablement lu ce roman.	Il aura lu ce roman.
Mes amis ont probablement reçu mes lettres.	Mes amis auront reçu mes lettres.
Leurs camarades ont sans doute réussi à l'examen.	Leurs camarades auront réussi à l'examen.
Il a dû le rencontrer chez vous.	Il l'aura rencontré chez vous.
Ses parents sont sans doute arrivés à l'heure.	Ses parents seront arrivés à l'heure.
Il s'est sans doute fait mal au pied.	Il se sera fait mal au pied.

TEACHING

1. Faites l'exercice suivant selon l'exemple:

Exemple: Il a probablement gagné le prix.
          Il **aura gagné** le prix.

Construct a drill of eight to ten items.

2. Faites l'exercice suivant selon l'exemple:

Exemple: Ils ont dû aller chez les Darrigade.
          Ils **seront allés** chez les Darrigade.

Construct a drill of eight to ten items.

3. Faites l'exercice suivant selon l'exemple:

Exemple: Vous avez sans doute vu sa collection.
          Vous **aurez vu** sa collection.

Construct a drill of eight to ten items.

TESTING

1. Faites l'exercice suivant selon l'exemple:

Exemple: Ils ont dû tomber devant le magasin.
            Ils **seront tombés** devant le magasin.

Construct a drill of eight to ten items, with all three kinds of probability
sentences out of order, and using reflexive verbs as well as verbs conjugated
with **avoir** and **être**.

XI. GEOGRAPHICAL NAMES

CITIES

PRESENTATION

TO or IN plus the name of a city

> Elle est allée à Rome.
> Quand arriveront-ils à Paris ?
> Nous embarquerons à Marseille.
> Mes tantes demeurent à Lyon.
> Il y a beaucoup de monuments historiques à Londres.
> Avez-vous jamais été à la Nouvelle-Orléans ?

FROM plus the name of a city

> Cette lettre est arrivée de Berlin.
> Nos amis viennent de Caracas.
> Son patron est de Québec.
> Leurs sœurs sont revenues de Nice.
> Nous avons reçu une carte postale d'Arcachon.
> Ils partiront du Havre.
> Ce bateau vient d'arriver de la Havane.
> Elle nous a envoyé ce cadeau de la Nouvelle-Orléans.

TEACHING

TO or IN plus the name of a city

1. Remplacez **Québec** par les noms donnés:

Exemple: Êtes-vous allé à Québec ?
           —— —— —— — Toronto ?
           Êtes-vous allé à **Toronto** ?

Construct a drill of ten to twelve items.

2. Répondez en utilisant la réponse donnée:

Exemple: Où êtes-vous né ? (Rome)
          Je suis né à Rome.

Construct a drill of eight to ten items, using also names of cities which have the definite article.

FROM plus the name of a city

3. Remplacez **New-York** par les mots donnés:

Exemple: Elles viennent de New-York.
          —— ———— — San Francisco.
          Elles viennent de **San Francisco.**

Construct a drill of eight to ten items, using also names of cities which have the definite article.

4. Répondez en utilisant la réponse donnée:

Exemple: D'où viennent ces gens ? (Bordeaux)
          Ces gens viennent **de Bordeaux.**

Construct a drill of eight to ten items, using also names of cities which have the definite article.

TESTING

Construct drills similar to those under "Teaching," using names of cities with and without the definite article in mixed sequence.

FEMININE NAMES OF COUNTRIES

PRESENTATION

Feminine names of countries and continents as subject of the verb, object of the verb, and object of most prepositions

La France est un beau pays.
L'Italie est aussi un beau pays.
L'Asie est un grand continent.
L'Afrique est au sud de l'Europe.
Nous connaissons bien l'Espagne.
Allez-vous visiter la Belgique ?
Avez-vous jamais vu quelques parties de l'Amérique du Sud ?

Ne sont-ils pas encore partis pour l'Amérique Centrale ?
Non, ils sont partis pour l'Allemagne.
Connaissent-elles l'histoire de l'Angleterre ?

TO or IN with the feminine names of countries

Mes parents ont passé une année en France.
Ses cousins étaient allés en Belgique.
Leurs amis avaient vu beaucoup de monuments en Autriche.
Aurais-tu voulu faire un voyage en Grèce ?
Moi, je voudrais vivre en Espagne.
Elles ont dû acheter leurs souvenirs en Angleterre.
Il y a beaucoup de touristes en Europe en été.
Beaucoup d'Européens viennent en Amérique aussi.

FROM with the feminine names of countries

Mes parents sont rentrés de France.
Ses cousins sont revenus de Belgique.
Leurs amis leur ont écrit d'Autriche.
Nous avons reçu de beaux cadeaux de Grèce.
Ses copains viennent d'Espagne.
Ces bateaux sont arrivés d'Angleterre.
Tes frères sont-ils revenus d'Europe ?
Nos amis européens retournent d'Amérique en Europe.

TEACHING

As subject of a verb, object of a verb, and object of most prepositions

1. Remplacez **France** par les noms donnés:

Exemple: Je trouve la France intéressante.

           — ——— — Grèce ———.

           Je trouve la **Grèce** intéressante.

Construct a drill of ten to twelve items, using names that begin with consonants as well as ones that begin with vowels.

2. Remplacez **Italie** par les noms donnés:

Exemple: L'Italie est un pays lointain.

           — Espagne ——— — —— ———.

           L'**Espagne** est un pays lointain.

Continue as in No. 1 above.

3. Remplacez **Chine** par les noms donnés:

Exemple: Quand partez-vous pour la Chine ?
   —————— —————— —————— ——— — Europe ?
   Quand partez-vous pour l'**Europe** ?

Construct a drill of eight to ten items.

4. Remplacez **Russie** par les noms donnés.

Exemple: Connaissez-vous la capitale de la Russie ?
   ———————— ———— —— ——————— —— — Pologne ?
   Connaissez-vous la capitale de **la Pologne** ?

Construct a drill of eight to ten items.

TO or IN with feminine names of countries

5. Remplacez **Angleterre** par les noms donnés.

Exemple: Allez-vous passer quelque temps en Angleterre ?
   ———— ———— —————— —————— ———— — Turquie ?
   Allez-vous passer quelque temps en **Turquie** ?

Construct a drill of eight to ten items.

6. Répondez en utilisant la réponse donnée:

Exemple: Où sont-ils allés l'année dernière ? (Italie)
   L'année dernière **ils sont allés en Italie**.

Construct a drill of twelve to fourteen items, using the names of countries and continents.

FROM with feminine names of countries

7. Remplacez **Belgique** par les noms donnés:

Exemple: Ses cousins sont revenus de Belgique.
   — ———————— ———— ———————— — Roumanie.
   Ses cousins sont revenus de **Roumanie**.

Construct a drill of ten to twelve items, using names of countries and continents, and names that begin with consonants as well as those that begin with vowels.

8. Répondez en utilisant la réponse donnée:

Exemple: D'où viennent ces peintures ? (Italie)
   Ces peintures viennent d'Italie.

Construct a drill of twelve to fourteen items.

TESTING

See testing drills 1–3 under "Masculine Names of countries," below.

MASCULINE NAMES OF COUNTRIES

PRESENTATION

Masculine names of countries as subject of the verb, object of the verb, and object of most prepositions

> Le Canada est au nord des États-Unis.
> Le Mexique est au sud des États-Unis.
> Le Brésil est plus grand que les États-Unis.
>
> Le Chili est un pays progressif.
> Ont-ils aimé le Japon ?
> Connaissez-vous la capitale du Venezuela ?
> Quand sont-ils partis pour le Portugal ?

TO or IN with the masculine names of countries

> Nous enverrons un collis à nos amis au Canada.
> Il y a beaucoup de villes intéressantes aux États-Unis.
> Avez-vous écrit à vos amis au Brésil ?
> Vos amis ont-ils connu des Américains au Japon ?
> Mes amis ont passé quelques semaines au Mexique.
> Ils ont une villa au Venezuela.

FROM with the masculine names of countries

> La femme de notre voisin vient du Chili.
> Ma cousine vient de rentrer du Mexique.
> Ces lettres sont arrivées du Brésil.
> Mon frère, qui est en Allemagne, reçoit des colis des États-Unis.
> Leurs grands-parents sont venus du Canada leur rendre visite.

TEACHING

Masculine names of countries as subject of the verb, object of the verb, and object of most prepositions

1. Remplacez **Chili** par les noms donnés:

Exemple: Le Chili est au sud des États-Unis.
— Brésil — — — — —— ——.
Le **Brésil** est au sud des États-Unis.

Construct a drill consisting of as many items as the names of countries learned by the students.

2. Remplacez **Mexique** par les noms donnés:

Exemple: Mes parents ont beaucoup aimé le Mexique.
— —— —— —————— —— — Japon.
Mes parents ont beaucoup aimé le **Japon**.

Construct a drill consisting of as many items as the names of countries learned by the students.

3. Remplacez **Portugal** par les noms donnés:

Exemple: Le bateau part tout de suite pour le Portugal.
— —————— ——— ———— —— ———— ——— — Venezuela.
Le bateau part tout de suite pour le **Venezuela**.

Construct a drill consisting of as many items as the names of countries learned by the students.

4. Remplacez **États-Unis** par les noms donnés:

Exemple: Quelle est la capitale des États-Unis ?
——— — —— ————— — Danemark ?
Quelle est la capitale **du Danemark** ?

Construct a drill consiting of as many items as the names of countries learned by the students.

5. Répondez en utilisant la réponse donnée:

Exemple: Quelle est la capitale des États-Unis ? (Washington)
Washington est la capitale des États-Unis.

Construct a drill consisting of as many items as the names of countries learned by the students.

6. Répondez en utilisant la réponse donnée:

Exemple: De quel pays Washington est-il la capitale ? (États-Unis)
Washington est la capitale **des États-Unis**.

Same directions as above.

TO or IN with the masculine names of countries

7. Remplacez **Canada** par les noms donnés:

Exemple: Nos amis sont actuellement au Canada.
      — ——— ——— ————— — Portugal.
      Nos amis sont actuellement au **Portugal**.

Same directions as above.

8. Remplacez **Brésil** par les noms donnés:

Exemple: Nous allons envoyer ces colis au Brésil.
      —— —— ——— — ——— — Chili.
      Nous allons envoyer ces colis au **Chili**.

Same directions as above.

9. Répondez à l'affirmatif:

Exemple: A-t-elle étudié aux États-Unis?
      Oui, elle a étudié aux États-Unis.

Construct a drill of ten to twelve items.

10. Répondez en utilisant la réponse donnée:

Exemple: Où étaient-elles allées l'année dernière? (Mexique)
      Elles étaient allées **au Mexique** l'année dernière.

FROM with the masculine names of countries

11. Répondez à l'affirmatif:

Exemple: Monsieur Gonzalez vient-il du Venezuela?
      Oui, monsieur Gonzalez vient du Venezuela.

Construct a drill of six to eight items.

12. Répondez au négatif:

Exemple: Est-ce que vos amis viennent du Portugal?
      Non, mes amis ne viennent pas du Portugal.

Construct a drill of six to eight items.

13. Répondez en utilisant la réponse donnée:

Exemple: D'où avez-vous reçu des nouvelles? (États-Unis)
      J'ai reçu des nouvelles des États-Unis.

TESTING

TO or IN with all names of countries, continents, and cities

1. Remplacez **France** par les noms donnés:

Exemple: N'êtes-vous pas resté en France ?

—— —— — —— — États-Unis ?

N'êtes-vous pas resté **aux États-Unis** ?

Construct a drill of twelve to fourteen items, using names of continents and masculine and feminine names of countries.

2. Remplacez **Asie** par les noms donnés:

Exemple: Allez-vous faire un voyage en Asie ?

—— —— —— — —— — Brésil ?

Allez-vous faire un voyage **au Brésil** ?

Construct a drill of eight to ten items, using names of continents and masculine and feminine names of countries.

3. Construct a drill similar to No. 10 under "Teaching," using names of continents, masculine and feminine names of countries, and names of cities with and without the definite article.

FROM with all names of countries, continents, and cities

Construct drills similar Nos. 12 and 13 under "Teaching," using the names of continents, masculine and feminine names of countries, and names of cities with and without the definite article.

MODIFIED NAMES

PRESENTATION

Modified geographical names as subject of the verb, object of the verb, and object of prepositions

L'Amérique du Sud est très grande.

L'Asie Mineure est à l'est de la Méditerranée.

Nous étudions l'Amérique Centrale dans notre classe de géographie.

Elles vont visiter l'Afrique du Nord.

Quand sont-ils partis pour le Midi de la France ?

La géographie de l'Amérique du Nord est intéressante.

TO or IN with modified geographical names

Il y a beaucoup de ports de pêche dans* l'Amérique du Nord.
En route dans l'Asie Mineure on s'est arrêté dans l'Afrique du Nord.
Nous avons passé quelque temps dans le Midi de la France.
Le Panama est dans l'Amérique Centrale.
Le Brésil est dans l'Amérique du Sud.
La Tchécoslovaquie est dans l'Europe Centrale.

FROM with modified geographical names

Ces tapis viennent de l'Asie Mineure.
Ces objects d'art sont arrivés de l'Italie méridionale.
Cet écrivain vient de rentrer de l'Extrême-Orient.
Quelques amis sont arrivés du nord de l'Europe.
Ils ont reçu beaucoup de bonnes nouvelles des États-Unis.

TEACHING

Modified geographical names as subject of the verb, object of the verb, and object of prepositions

1. Remplacez **Amérique du Nord** par les noms donnés:
Exemple: L'Amérique du Nord est très grande.
         — Amérique du Sud — —— ———.
         L'Amérique du Sud est très grande.
Construct a drill of eight to ten items.

2. Remplacez **Mexique** par les noms donnés:
Exemple: Il n'a jamais vu le Mexique pittoresque.
         — — ——— — — France ———.
         Il n'a jamais vu la **France** pittoresque.
Construct a drill of eight to ten items.

3. Remplacez **Afrique du Nord** par les noms donnés:
Exemple: Étaient-ils déjà partis pour l'Afrique du Nord?
         ——— — —— ——— —— — Asie Mineure?
         Étaient-ils déjà partis pour l'**Asie Mineure**?
Construct a drill of eight to ten items.

---

* Those who wish to teach the increasingly used **en** with modified names of countries and continents may, of course, teach **en Amérique du Sud, en Afrique du Nord**, etc.

4. Répondez en utilisant la réponse donnée:

Exemples: Quelle région est au sud de l'Europe ? (l'Afrique du Nord)
L'Afrique du Nord est au sud de l'Europe.

Quel continent est au nord de l'Amérique du Sud ? (L'Amérique du Nord)
L'Amérique du Nord est au nord de l'Amérique du Sud.

Construct a drill of eight to ten items.

5. Répondez en utilisant la réponse donnée:

Exemple: Quel pays a-t-on visité (La France de l'est)
On a visité la France de l'est.

Construct a drill of eight to ten items.

6. Répondez en utilisant la réponse donnée:

Exemple: Par quel pays êtes-vous passés ? (l'Asie Mineure)
Nous sommes passés par l'Asie Mineure.

Construct a drill of eight to ten items.

TO or IN with modified geographical names

7. Remplacez **Afrique du Sud** par les noms donnés:

Exemple: Elle avait fait ses études dans* l'Afrique du Sud.
——— —— ——— — ——— —— — Amérique du Nord.
Elle avait fait ses études dans **l'Amérique du Nord**.

Construct a drill of eight to ten items.

8. Dites à un ami:

Exemple: . . . que M. Dupont est allé dans l'Afrique de l'Est.
M. Dupont est allé dans l'Afrique de l'Est.

Construct a drill of eight to ten items.

9. Répondez en utilisant la réponse donnée:

Exemple: Où auront-ils passé leurs vacances ? (Amérique Centrale)
Ils auront passé leurs vacances dans l'Amérique Centrale.

Construct a drill of eight to ten items.

---

* *See* note on **en** under "Presentation," above, p. 128.

FROM with modified geographical names

10. Remplacez **Amérique du Sud** par les noms donnés:

Exemple: Elle vient d'arriver de l'Amérique du Sud.

—— —— —— — —— Amérique Centrale.

Elle vient d'arriver de l'**Amérique Centrale.**

Construct a drill of eight to ten items.

11. Répondez en utilisant la réponse donnée:

Exemple: D'où viennent ces lettres? (la Russie Centrale)

Ces lettres viennent de la Russie Centrale.

Construct a drill of eight to ten items.

TESTING

Geographical names used as subject of the verb, object of the verb, and object of prepositions

1. Construct substitution drills similar to Nos. 1–3 under "Teaching," using masculine names of countries, feminine names of countries, and modified names of countries and continents in the same drill and avoiding their use in sequence. Include also cities.

2. Construct drills similar to Nos. 4–6 under "Teaching," using masculine, feminine, and modified names without following a sequence. Include also cities.

TO or IN with geographical names

3. Construct drills similar to Nos. 7–9 under "Teaching," using masculine, feminine, and modified names without following a sequence. Include also cities.

FROM with geographical names

4. Construct drills similar to Nos. 8, 10, and 11, under "Teaching," using masculine, feminine, and modified names without following a sequence. Include also cities.

XII. THE IMPERATIVE

PRESENTATION

a. Familiar Form

Tu parles lentement.	Parle lentement.
Tu chantes plus fort.	Chante plus fort.
Tu finis ton travail.	Finis ton travail.
Tu choisis une bonne écharpe.	Choisis une bonne écharpe.
Tu vends ta voiture.	Vends ta voiture.
Tu attends ton ami.	Attends ton ami.
Tu apprends ta leçon.	Apprends ta leçon.

i. Present the irregular verbs in the same way

ii. Use the same imperative sentences in the negative for presenting and drilling negative commands

b. Formal and Plural

Vous parlez lentement.	Parlez lentement.
Vous chantez plus fort.	Chantez plus fort.

i. Use the sentences in a above, with a change of form to complete the presentation

ii. Repeat i and ii in a above

Nous parlons lentement.	Parlons lentement.
Nous chantons plus fort.	Chantons plus fort.
Nous finissons notre travail.	Finissons notre travail.

Continue to use the sentences in **a** above with a change in form.

iii. Repeat i and ii in a above

Il parle lentement.	Qu'il parle lentement.
Il chante plus fort.	Qu'il chante plus fort.
Elle finit son travail.	Qu'elle finisse son travail.

    Continue as heretofore.

iv. Repeat i and ii in a above

v. Do the same with the third person plural

c. Reflexive Verbs

Tu te laves.	Lave-toi.
Tu te réveilles.	Réveille-toi.
Tu te couches.	Couche-toi.
Tu te rends à la maison.	Rends-toi à la maison.
Tu te mets à table.	Mets-toi à table.

i. Do the same with irregular verbs.

ii. Use the same sentences negatively.

TEACHING

a. Familiar Form

1. Mettez à l'impératif familier:

Exemple: Je travaille à l'école.
          Travaille à l'école.

Construct a drill of ten to twelve items.

2. Mettez au négatif:

Exemple: Marche vite.
          Ne marche **pas** vite.

Construct a drill of eight to ten items, using most of the imperatives in No. 1.

3. Mettez au présent:

Exemple: Danse avec lui.
          Je danse avec lui.

Construct a drill of eight to ten items.

4. Repeat Nos. 1, 2, and 3, using irregular verbs.

b. Formal and Plural

5. Mettez à l'impératif:

Exemple: Vous pensez à votre devoir.
           Pensez à votre devoir.

Construct a drill of eight to ten items.

6. Mettez au pluriel:

Exemple: Marche plus vite.
           Marchez plus vite.

Construct a drill of eight to ten items.

7. Mettez au négatif:

Exemple: Écoutez le conférencier.
           N'écoutez **pas** le conférencier.

Construct a drill of eight to ten items.

8. Construct a drill similar to No. 1.

9. Mettez à l'impératif:

Exemple: Nous finissons la lecture.
           Finissons la lecture.

Construct a drill of eight to ten items.

10. Mettez à l'impératif:

Exemple: Elle choisit un bon cours.
           Qu'elle choisisse un bon cours.

Construct a drill of twelve to fourteen items, using the third person singular and plural.

11. Mettez au négatif:

Exemple: Prenons cette nappe.
           Ne prenons **pas** cette nappe.

Construct a drill of eight to ten items.

12. Repeat Nos. 5–11, using irregular verbs.

Reflexive Verbs

Construct drills similar to those under **a** and **b** above.

TESTING

1. Mettez au pluriel:

Exemple: Arrête-toi tout de suite.
Arrêtez-vous tout de suite.

Construct a drill of eight to twelve items.

2. Mettez au singulier:

Exemple: Lisez le livre.
Lis le livre.

Construct a drill of eight to ten items, using also the third person of the imperative. Include some negative sentences if negation has been studied.

3. Mettez à l'impératif:

Exemple: Je me dépêche.
Dépêche-toi.

Construct a drill of fourteen to sixteen items, using all the forms of the imperative. This drill can be made even more challenging by including some negative sentences.

XIII. THE IMPERFECT

FORMS

PRESENTATION

Cette année je lis très peu.   L'année dernière je lisais beaucoup.
Cette année tu lis très peu.   L'année dernière tu lisais beaucoup.

Continue for the remaining forms.

This verb alone should be sufficient for the formulation of the rule concerning the formation of the imperfect. If additional examples are desired for the presentation of the three conjugations, representative verbs may be substituted for **lire** in the above sentence.

Aujourd'hui je suis malade.   Hier j'étais malade.
Aujourd'hui tu es malade.   Hier tu étais malade.

Continue for the remaining forms.

Similar drills may be constructed for such orthographically changing verbs as:

corriger	commercer
diriger	effacer
manger	prononcer
nager	tracer

TEACHING

1. Mettez au pluriel:

Exemple: Je jouais au football.
            Nous jouions au football.

Construct a drill of twelve to fourteen items, using all kinds of verbs, including **être**.

2. Remplacez **dépensait** par la forme convenable du même verbe:

Exemple: Il dépensait vite son argent.

             Nous ———— —— ——— ———.

             Nous dépensions vite notre argent.

Continue until all the forms of the imperfect have been used.

3. Remplacez **remplissons** par la forme convenable du même verbe:

Exemple: Nous remplissions le questionnaire.

             Tu ———— — ————.

             Tu remplissais le questionnaire.

Continue until all the forms of the imperfect have been used.

4. Remplacez **perdiez** par la forme convenable du même verbe:

Exemple: Vous perdiez votre temps.

             Ils ———— —— ——.

             Ils perdaient leur temps.

Continue until all the forms of the imperfect have been used.

5. Mettez à l'imparfait:

Exemple: Ils vont souvent au théâtre.

             Ils allaient souvent au théâtre.

Construct a drill of twelve to sixteen items, using many different verbs.

6. Mettez à l'imparfait:

Exemple: Tu ne fais pas ton devoir.

             Tu ne **faisais** pas ton devoir.

Construct a drill of eight to ten items.

7. Mettez à l'imparfait:

Exemple: Comprenez-vous toujours le professeur?

             Compreniez-vous toujours le professeur?

Construct a drill of eight to ten items.

8. Demandez à quelqu'un:

Exemple: . . . s'il allait en ville.

             Alliez-vous en ville?*

Construct a drill of ten to twelve items.

---

* Of course, the **tu** form of response is also possible.

9. Dites à un ami:

Exemple: . . . que vous aimiez beaucoup jouer du violon.
J'aimais beaucoup jouer du violon.

Construct a drill of eight to ten items.

TESTING

1. Mettez à l'imparfait:

Exemple: Je prends le petit déjeuner.
Je **prenais** le petit déjeuner.

Construct a drill of twelve to fourteen items.

GENERAL USES

PRESENTATION

Je travaillais quand vous m'avez téléphoné.
Elle chantait quand vous êtes entré.
Nous lisions quand on a sonné.
Il entrait dans l'église quand nous l'avons vu.
Tu parlais à ton ami quand nous t'avons entendu.
Vous écoutiez des disques quand je suis entré.

Add as many more sentences as it seems necessary to present adequately this use of the imperfect, using a large variety of verbs.

Quand j'étais à Paris, j'allais souvent à l'opéra.
Quand nous étions à New-York, nous assistions quelquefois à des concerts.
Quand elle était jeune, elle faisait toujours de petites promenades.
L'année dernière je lui écrivais de temps en temps.
À Arcachon nous lisions parfois des journaux américains.
À l'école elle nous aidait de temps à autre.
Je prenais ma leçon de piano le jeudi.

Continue as long as necessary.

J'avais une belle voiture.
Nous étions très heureux.
Elle ne savait pas tous les détails.
Connaissiez-vous mon ami ?
Tu ne désirais pas nous accompagner.

Il voulait vous voir.
Elle tenait sa fille par la main.
Vous aimiez passer votre temps au musée.
Ils espéraient arriver à l'heure.
Je croyais qu'il était avocat.
Elle pensait à ses problèmes.

Continue as long as necessary to present the verbs that are used usually in the imperfect tense when referring to past time.

TEACHING

1. Mettez à l'imparfait:

Exemple: Il m'interrompt souvent.
            Il m'**interrompait** souvent.

Construct a drill of twelve to fourteen items.

2. Mettez à l'imparfait:

Exemple: Quand je vais à l'église, je prie.
            Quand j'**allais** à l'église, je **priais**.

Construct a drill of ten to twelve items.

3. Joignez les deux phrases par **quand** en mettant les verbes aux temps passés convenables:

Exemple: Je travaille. Vous me téléphonez.
            Je **travaillais quand vous m'avez téléphoné.**

Construct a drill of ten to twelve items.

4. Mettez à l'imparfait:

Exemple: Tu sais qu'elle est brillante.
            Tu **savais** qu'elle **était** brillante.

Construct a drill of fourteen to sixteen items, using all the important verbs that are used primarily in the imperfect tense when referring to past time. Use some negative and some interrogative sentences, but avoid the subjunctive.

TESTING

1. Mettez le verbe à l'imparfait ou au passé composé selon le cas:

Exemples: Je vois mes amis. (souvent)
             Souvent je **voyais** mes amis.

Je finis mes devoirs. (ce matin)
Ce matin j'ai fini mes devoirs.

Construct a drill of ten to twelve items, using some interrogative and negative-interrogative sentences.

WITH DEPUIS

See "The Depuis Construction—Depuis and the Imperfect."

THE IMPERFECT IN CONDITIONAL SENTENCES

See "The Conditional—The Present Conditional—In Contrary to Fact Conditions."

XIV. THE INDEFINITES

ADJECTIVES

PRESENTATION

CERTAIN

Certains hommes sont très loyaux.
Certaines questions s'imposent ici.
Certains adjectifs précèdent le nom qu'ils qualifient.
Certaines époques de l'histoire sont plus intéressantes que d'autres.
Dans certaines circonstances il faut être très prudent.

Continue as long as necessary.

Do the same thing to show the following aspects of **certain**:

Un certain garçon m'a donné les nouvelles.
Nous connaissons un certain M. Dumont.
C'est une certaine Mme Delacroix qui l'a dit.
J'éprouve une certaine crainte.
C'est une femme d'un certain âge.
Ce sont des renseignements certains.
C'est le résultat certain d'une telle action.

DIFFÉRENTS, DIVERS

Elle a rencontré différentes personnes.
Nous avons vu différentes peintures.
Avez-vous discuté du problème avec différents professeurs ?
On a essayé différentes solutions.
Ils ont exprimé différentes opinions.

Continue as long as necessary.

Use the same sentences for **divers**.

N'IMPORTE QUEL

Lisez-moi n'importe quel conte.
Racontez-nous n'importe quelle histoire.
Jouez n'importe quels morceaux.
Parlez-nous de n'importe quels sujets.
Mettez-le dans n'importe quelle boîte.

Continue as long as necessary.

QUELCONQUE

Faites-lui une explication quelconque.
Choisissez un homme quelconque.
Donnez-nous des détails quelconques.
Montrez-nous des tableaux quelconques.

Continue as long as necessary.

TEL

Une telle explication ne me satisfait pas.
Une telle femme ne saurait faire mal à personne.
Un tel homme pourrait nous aider.
Connaissez-vous un tel homme ?
Je n'ai jamais vu une telle jeune fille.
Avez-vous jamais rencontré de telles personnes ?

Tel ou tel homme est capable de telle ou telle action.
Telle ou telle action donnerait tel ou tel résultat.
Telle ou telle femme dirait telle ou telle chose.
Telle est la réponse qu'il a donnée.
Voilà l'histoire telle qu'il l'a racontée.

Continue as long as necessary.

It is suggested that **aucun, autre, chaque, nul, plusieurs, quelque,** and **tout** be taught simply as vocabulary items. The negatives may be taught with negation.

TEACHING

The indefinite adjectives are best learned through repetition exercises like the above. They are best tested in self-expression exercises.

PRONOUNS

PRESENTATION

AUTRUI

Le bonheur d'autrui devrait nous faire plaisir.
Nous sommes tristes quand nous voyons le malheur d'autrui.
Il ne faut pas convoiter le bien d'autrui.
Aimez-vous faire plaisir à autrui ?
Je n'aime pas m'amuser aux dépens d'autrui.

Continue as long as necessary.

CERTAINS

Certains ne sont pas d'accord avec nous.
Certains sont très faibles.
Certains ont une peur inexplicable.
Certaines sont venues vérifier les faits.
Certaines veulent changer de programme.

N'IMPORTE QUI

N'importe qui le saurait.
N'importe qui en aurait peur.
Cela aurait fait plaisir à n'importe qui.
Demandez-le à n'importe qui.
Vous auriez pu l'obtenir de n'importe qui.

Continue as long as necessary.

N'IMPORTE QUOI

Dites-lui n'importe quoi.
Jouez n'importe quoi.
Lisons n'importe quoi.
Il chantait n'importe quoi.
Écrivez avec n'importe quoi.
Elle parlait de n'importe quoi.

Continue as long as necessary.

Aucun, autre, chacun, je ne sais qui, le même, nul, pas un, personne, quelqu'un, quiconque, tous, and **l'un** may be taught as vocabulary items. The negatives may be taught with negation.

TEACHING

As in the case of the indefinite adjectives, the best way to learn the indefinite pronouns is through repetition drills like the preceding. Again, they are best tested in self-expression.

XV. THE INFINITIVE

WITH OR WITHOUT PREPOSITIONS

PRESENTATION

Verb + infinitive

> Mon ami voulait faire sa médecine.
> Nous aimerions voir ses diapositives.
> Sais-tu jouer du violon ?
> Nous avons dû les attendre ici.
> Alliez-vous leur téléphoner ?
> Elle pense faire ses études à la Sorbonne.
> Tu sembles avoir hâte.
> Pouvez-vous m'expliquer ce problème ?

Continue as long as necessary. A brief repetition drill may be constructed for each verb if desired.

Verb + À + infinitive

> Tu n'as pas encore commencé à apprendre.
> J'ai appris à parler couramment.
> Elle avait consenti à nous aider.
> A-t-on réussi à savoir la vérité ?
> Elles se sont mises à rêver.
> Nous nous amusions à faire des dessins.

Other common verbs in this category are: **arriver, avoir, se décider, s'habituer, parvenir, se plaire, se préparer, renoncer, songer,** and **tenir.**

> Il nous a encouragés à continuer nos études.
> L'aviez-vous invité à venir à votre soirée ?
> Le patron a obligé les employés à venir de bonne heure.
> Le professeur nous a aidés à résoudre le problème.

Other common verbs taking direct objects before **à** plus the infinitive are: **autoriser, condamner,** and **forcer.**

Verb + DE + infinitive

> Qui a essayé de restaurer ce bâtiment ?
> Ils se sont dépêchés de partir.
> Elle a menacé de l'exposer.
> As-tu évité de froisser votre tante ?
> Qui a refusé de vous donner les renseignements nécessaires ?
> Nous avons choisi de rester, tandis que les autres sont partis.

Other common verbs in this category are: **accepter, achever, s'arrêter, avertir, avoir regret, cesser, se charger, commander, se contenter, craindre, défendre, dire, s'excuser, se flatter, se hâter, jurer, se mêler, nier, omettre, oublier, se réjouir, se repentir, trembler, se vanter.**

> Il a remercié ses voisins d'être venus.
> Elles ont empêché les enfants de se quereller.
> Nous avions félicité nos camarades d'avoir gagné au football.
> Le criminel a prié le juge de lui épargner la vie.
> Ils nous a persuadés de participer à ses projets.

Other common verbs that take direct object + **de** + infinitive are: **blâmer, charger, dissuader, excuser, menacer, punir, soupçonner,** and **supplier.**

> Le proviseur ne permet pas aux élèves de sortir après huit heures.
> Le médecin a conseillé au malade de se reposer.
> Nous avions demandé à M. Gabin de nous rendre visite.
> La police a défendu aux piétons d'encombrer la rue.
> Avez-vous écrit à votre frère de vous apporter des souvenirs ?
> Elle nous a dit de cesser de bavarder.
> Nous leur aurions suggéré d'avoir de la patience.

Other common verbs that take an indirect object + **de** + infinitive are: **inspirer, interdire, pardonner, promettre, proposer, recommander,** and **reprocher.**

TEACHING

Verb + infinitive

1. Remplacez **veux** par les verbes donnés:

Exemple: Je veux faire mes études à la Sorbonne.
Je peux —— — —— — — ———.
Je peux faire mes études à la Sorbonne.

Construct a drill of ten to twelve items, using as many different verbs as possible.

2. Faites l'exercice suivant selon l'exemple:

Exemple: Pourquoi allez-vous au parc ? (je veux)
   Parce que je veux aller au parc.

Construct a drill of twelve to fourteen items.

Verb + À + infinitive

3. Remplacez **commençons** par les verbes donnés:

Exemple: Nous commençons à jouer de la harpe.
   —— apprenons —— —— —— —— ——.
   Nous apprenons à jouer de la harpe.

Construct a drill of eight to twelve items.

4. Faites l'exercice suivant selon l'exemple:

Exemple: Moi, j'apprends à conduire, mais lui, . . .
   Moi, j'apprends à conduire, mais lui,
   il n'apprend pas à conduire.

Construct a drill of eight to ten items.

Verb + DE + infinitive

5. Remplacez **menacé** par les verbes donnés:

Exemple: Ils ont menacé de l'exposer.
   —— —— essayé —— ————.
   Ils ont **essayé** de l'exposer.

Construct a drill of ten to twelve items.

6. Répondez aux questions suivantes en utilisant les réponses données:

Exemple: Qu'est-ce que vous avez essayé de faire ? (bouger le bureau)
   J'ai essayé de bouger le bureau.

Construct a drill of eight to ten items.

7. Répondez aux questions suivantes en utilisant les réponses données:

Exemple: Qu'est-ce que le proviseur ne permet pas aux élèves ? (sortir après
   huit heures)
   **Le proviseur ne permet pas aux élèves de sortir après
   huit heures.**

Construct a drill of ten to twelve items.

TESTING

1. Remplacez **apprenons** par les verbes donnés:

Exemple: Nous apprenons à danser.
        —— essayons — ——.
        Nous essayons de danser.

Construct a drill of ten to twelve items.

If further testing drills are required, similar exercises each with a different basic sentence may be constructed.

AS A SUBSTITUTE FOR THE SUBJUNCTIVE

PRESENTATION

Le capitaine ordonne que le soldat sorte.	Le capitaine ordonne au soldat de sortir.
L'éditeur demande que l'auteur lui envoie son manuscrit.	L'éditeur demande à l'auteur de lui envoyer son manuscrit.
Je défends que les élèves parlent en classe.	Je défends aux élèves de parler en classe.
Nous ne permettons pas que vous partiez maintenant.	Nous ne vous permettons pas de partir maintenant.
Conseillez-vous que les malades soient actifs ?	Conseillez-vous aux malades d'être actifs ?
Il faut que nous restions.	Il nous faut rester.
Il faut qu'ils sachent les détails.	Il leur faut savoir les détails.

TEACHING

1. Remplacez **sortir** par les mots donnés:

Exemple: Le professeur demande aux élèves de sortir.
        — ———————— ———— —— ———— — lire.
        Le professeur demande aux élèves de **lire**.

Construct a drill of eight to ten items.
Use the same type of exercise for drilling other expressions.

2. Faites l'exercice suivant selon l'exemple:

Exemple: A-t-il conseillé que Jacques fît cet exercice ?
        Oui, il a conseillé à Jacques de faire cet exercice.

Construct a drill of twelve to fourteen items.

3. Faites l'exercice suivant selon l'exemple:

Exemple: Il a conseillé à Jacques de faire cet exercice.
Il a conseillé **que Jacques fît cet exercice**.

Construct a drill of ten to twelve items.

TESTING

Construct exercises similar to Nos. 1 and 3 under "Teaching," using the imperfect, the future, and the conditional tenses, as well as the present and the perfect.

AFTER APRÈS

PRESENTATION

Après avoir parlé longtemps, il est parti.
Après avoir écouté le conférencier, nous avons eu une bonne discussion.
Après avoir entendu le disque, nous avons décidé de l'acheter.
Après avoir consenti à aller avec nous, il a changé d'avis.
Après être rentrée, elle est allée à sa chambre.
Après être retournés en France, ils nous écriront.
Après être descendus, nous prendrons le petit déjeuner.

TEACHING

1. Remplacez **mangé** par les mots donnés:

Exemple: Après avoir mangé, nous sommes sortis.
—— —— chanté, —— —— ——.
Après avoir **chanté**, nous sommes sortis.

Construct a drill of ten to twelve items.

2. Remplacez **descendu** par les mots donnés:

Exemple: Après être descendue, elle s'est mise à lire.
—— —— montée, —— —— —— — ——.
Après être **montée**, elle s'est mise à lire.

Construct a drill of ten to twelve items.

3. Remplacez **s'** . . . **reposée** par les mots donnés:

Exemple: Après s'être reposée, elle a commencé à parler.

—— nous —— assis, —— —— —— — ——.

Après **nous** être **assis, nous avons** commencé à parler.

Construct a drill of seven to nine items.

4. Faites l'exercice suivant selon l'exemple:

Exemple: Nous avons écrit la lettre. Puis nous avons préparé nos leçons.

Après avoir écrit la lettre, nous avons préparé nos leçons.

Construct a drill of ten to twelve items.

5. Faites l'exercice suivant selon l'exemple:

Exemple: Nous nous sommes salués. Puis nous avons eu une longue conversation.

Après nous être salués, nous avons eu une longue conversation.

Construct a drill of twelve to fourteen items, using reflexive verbs as well as nonreflexive verbs conjugated with **être**.

6. Faites l'exercice suivant selon l'exemple:

Exemple: Ayant dit cela, elle s'est sauvée.

Après avoir dit cela, elle s'est sauvée.

Construct a drill of eight to ten items.

7. Faites l'exercice suivant selon l'exemple:

Exemple: Étant rentrés, ils nous ont raconté leurs aventures.

Après être rentrés, ils nous ont raconté leurs aventures.

Construct a drill of ten to twelve items, using reflexive verbs as well as non-reflexive verbs conjugated with **être**.

TESTING

1. Faites l'exercice suivant selon les exemples:

Exemples: Les hommes ont écouté le juge. Puis ils ont accepté sa décision.

Après avoir écouté le juge, les hommes ont accepté sa décision.

Les femmes se sont retrouvées devant le magasin. Puis elles sont allées faire des emplettes.

Après s'être retrouvées devant le magasin, les femmes sont allées faire des emplettes.

Construct a drill of ten to twelve items.

2. Faites l'exercice suivant selon les exemples:

Exemples: Ayant passé l'examen, les étudiants sont partis pour la France.
            Après avoir passé l'examen, les étudiants sont partis pour
            la France.
            Étant rentré de bonne heure, il a passé la soirée à regarder la
            télévision.
            Après être rentré de bonne heure, il a passé la soirée à regarder
            la télévision.

Construct a drill of ten to twelve items.

3. Construct a drill which includes all the different kinds of sentences in
Nos. 1 and 2.

AFTER VERBS OF PERCEPTION

PRESENTATION

A noun as subject of the infinitive

> Nous entendons marcher le moteur.
> Elles écoutent chanter la cantatrice.
> Nous voyons s'approcher mon oncle.
> Sentez-vous souffler le vent?
> Elle regarde jouer les enfants.
> Avez-vous vu bouger les oiseaux?

A pronoun as subject of the infinitive

Nous entendons marcher le moteur.	Nous l'entendons marcher.
Elles écoutent chanter la cantatrice.	Elles l'écoutent chanter.
Nous voyons s'approcher mon oncle.	Nous le voyons s'approcher.
Sentez-vous souffler le vent?	Le sentez-vous souffler?
Elle regarde jouer les enfants.	Elle les regardent jouer.
Avez-vous vu bouger les oiseaux?	Les avez-vous vus bouger?

Infinitives with subject and object

Nous entendons les jeunes lire les poèmes.	Nous les entendons les lire.
Elles écoutent la cantatrice chanter la Marseillaise.	Elles l'écoutent la chanter.

Nous voyons mon oncle s'approcher de la maison.   Nous le voyons s'en approcher.

Elle regarde les enfants faire les dessins.   Elle les regarde les faire.

The other aspect of this situation may be presented in the following way:

Nous entendons les jeunes filles lire les poèmes.   Nous les leur entendons lire.

Agreement of the past participle

J'ai vu construire une maison.   Je l'ai vu construire.

Nous avons entendu jouer ces morceaux excellents.   Nous les avons entendu jouer.

Avez-vous regardé peindre les tableaux ?   Les avez-vous regardé peindre ?

A-t-elle vu la porte s'ouvrir ?   L'a-t-elle vue s'ouvrir ?

As-tu entendu marcher la voiture ?   L'as-tu entendue marcher ?

Nous avions entendu parler les femmes.   Nous les avions entendues parler.

J'ai vu conduire votre mère.   Je l'ai vue conduire.

Aviez-vous regardé jouer vos camarades ?   Les aviez-vous regardés jouer ?

TEACHING

A noun as subject of the infinitive

1. Remplacez **entendons** par les mots donnés:

Exemple: Nous entendons marcher le moteur.
—— écoutons ——— — ———.
Nous **écoutons** marcher le moteur.

Construct a drill of eight to ten items.

2. Remplacez **a** par la forme convenable du même verbe:

Exemple: Elle a écouté chanter une chanson française.
Nous —— ——— ——— — ——— ———.
Nous avons écouté chanter une chanson française.

Construct a drill of eight to ten items.

Use the same kind of drill to practice the other verbs of perception.

3. Faites l'exercice suivant selon l'exemple:

Exemple: Nous entendons le moteur qui marche.
           Nous entendons **marcher le moteur.**

Construct a drill of ten to twelve items.

A pronoun as subject of the infinitive

4. Remplacez le nom par le pronom convenable:

Exemple: Nous écoutons parler le conférencier.
           Nous **l'**écoutons parler.

Construct a drill of eight to ten items.

5. Faites l'exercice suivant selon l'exemple:

Exemple: Nous regardons le violoniste qui joue.
           Nous **le regardons jouer.**

Construct a drill of eight to ten items.

Infinitives with subject and object

6. Remplacez les noms par les pronoms convenables:

Exemple: Nous entendons les jeunes filles lire les poèmes.
           Nous les entendons les lire.

Construct a drill of eight to ten items.

7. Faites l'exercice suivant selon l'exemple:

Exemple: Elle écoute la cantatrice qui chante la Marseillaise.
           Elle la lui écoute chanter.

Construct a drill of ten to twelve items.

Agreement of the past participle

8. Répondez à l'affirmatif:

Exemple: L'avais-tu entendue chanter?
           Oui, je l'avais entendue chanter.

Construct a drill of eight to ten items.

Do the same drill negatively.

9. Remplacez le nom par le pronom convenable:

Exemple: J'ai vu construire la maison.

Je l'ai vu construire.

Construct a drill of twelve to fourteen items, using the sentences in the presentation drill, as well as other sentences involving other compound tenses.

10. Remplacez les noms par les pronoms convenables en faisant tout autre changement nécessaire:

Exemple: As-tu entendu marcher la voiture ?

L'as-tu entendue marcher ?

Construct a drill of ten to twelve items, using different compound tenses.

TESTING

1. Répondez à l'affirmatif en remplaçant les noms par les pronoms convenables:

Exemple: Aviez-vous entendu la jeune fille lire son poème ?

Oui, je le lui avais entendu lire.

Construct a drill of eight to ten items, using different tenses. Do the same drill in the negative.

Use also drills similar to Nos. 3–8 and No. 10 under "Teaching" for testing purposes. Be sure to mix the items and tenses so that no particular sequence is maintained.

XVI. INTERROGATION*

WITH A NOUN SUBJECT

PRESENTATION

Les arbres sont beaux.	Les arbres sont-ils beaux ?
Les oiseaux volent vite.	Les oiseaux volent-ils vite ?
Les Américains aiment le jambon.	Les Américains aiment-ils le jambon ?
La cousine de Paul est à l'université.	La cousine de Paul est-elle à l'université ?
Le neveu de M. Tondreau va en Grèce.	Le neveu de M. Tondreau va-t-il en Grèce.

TEACHING

1. Mettez à l'interrogatif:

Exemple:. Les aviateurs sont courageux.
           Les aviateurs sont-ils courageux ?

Construct a drill of eight to ten items.

2. Formulez les questions qui exigent les réponses suivantes:

Exemple: Oui, les professeurs ont une réunion aujourd'hui.
          Les professeurs ont-ils une réunion aujourd'hui ?

Construct a drill of ten to twelve items.

TESTING

1. Demandez à quelqu'un:

Exemple: . . . si l'avion part à dix heures.
          L'avion part-il à dix heures ?

Construct a drill of ten to twelve items.
Construct also drills similar to Nos. 1 and 2 under "Teaching."

_____

* For interrogation with reflexive verbs, see "Reflexive Verbs."

WITH A PRONOUN SUBJECT

PRESENTATION

Simple tenses

Tu commences à le comprendre*   Commences-tu à le comprendre ?
Vous commencez à le comprendre.   Commencez-vous à le comprendre ?
Nous commençons à le comprendre.   Commençons-nous à le comprendre ?
Ils commencent à le comprendre.   Commencent-ils à le comprendre ?
Il commence à le comprendre.   Commence-t-il à le comprendre ?
Il partage vos idées.   Partage-t-il vos idées ?
Elle punit ses enfants.   Punit-elle ses enfants ?
Elle vendra ses biens.   Vendra-t-elle ses biens ?

Compound tenses

Tu as essayé de courir.   As-tu essayé de courir ?
Vous avez essayé de courir.   Avez-vous essayé de courir ?
Nous avons essayé de courir.   Avons-nous essayé de courir ?
Ils ont essayé de courir.   Ont-ils essayé de courir ?
Il a essayé de courir.   A-t-il essayé de courir ?
Elle a puni ses enfants.   A-t-elle puni ses enfants ?
Elle a vendu ses biens.   A-t-elle vendu ses biens ?
Vous étiez rentré très tard.   Étiez-vous rentré très tard ?
Nous étions partis pour la course. Étions-nous partis pour la course ?
Elle était retournée en Suède.   Était-elle retournée en Suède ?
Ils étaient descendus à l'hôtel.   Étaient-ils descendus à l'hôtel ?

TEACHING

Simple tenses

1. Mettez à l'interrogatif:
Exemple: Vous étalez vos tableaux.
            Étalez-vous vos tableaux ?
Construct a drill of eight to ten items.

2. Formulez les questions qui exigent les réponses suivantes:
Exemple: Oui, il fatigue ses auditeurs.
            Fatigue-t-il ses auditeurs ?
Construct a drill of eight to ten items.

---

* For interrogation in the first person singular, *see* "Interrogation—With **Est-ce que.**"

3. Demandez à quelqu'un:

Exemple: . . . s'il excusera votre faute.
          Excuserez-vous ma faute?

Construct a drill of eight to ten items.

4. Remplacez le sujet par le pronom convenable:

Exemple: Le patron paie-t-il bien ses employés?
          Paie-t-il bien ses employés?

Construct a drill of six to eight items.

Compound tenses

5. Mettez à l'interrogatif:

Exemple: Elle a embrassé sa sœur avant de partir.
          A-t-elle embrassé sa sœur avant de partir?

Construct a drill of ten to twelve items, using only the perfect tense.

6. Do No. 5 again, using the pluperfect, the future perfect, and the conditional perfect tenses.

7. Mettez à l'interrogatif:

Exemple: Elle est restée longtemps.
          Est-elle restée longtemps?

Construct a drill of ten to twelve items.

8. Do No. 7 again, using the pluperfect, the future perfect, and the conditional perfect.

9. Demandez à quelqu'un:

Exemple: . . . s'il était resté longtemps au Danemark.
          Étiez-vous resté longtemps au Danemark?

Construct a drill of eight to ten items.

10. Do No. 9 again, using the future perfect and the conditional perfect.

TESTING

1. Formulez les questions qui exigent les réponses suivantes:

Exemple: Oui, je serai très content de les voir.
          Serez-vous très content de les voir?

Construct a drill of ten to twelve items, using the compound as well as the simple, tenses.

Construct drills similar to Nos. 1, 3, and 5 under "Teaching."

WITH EST-CE QUE

PRESENTATION

Le médecin est chez vous.	Est-ce que le médecin est chez vous ?
Les femmes parlent trop.	Est-ce que les femmes parlent trop ?
Les enfants pleurent.	Est-ce que les enfants pleurent ?
Il vient vous voir.	Est-ce qu'il vient vous voir ?
Tu vas au concert.	Est-ce que tu vas au concert ?
Vous connaissez ce monsieur.	Est-ce que vous connaissez ce monsieur ?
Je peux vous voir à sept heures.	Est-ce que je peux vous voir à sept heures ?
J'agis trop vite.	Est-ce que j'agis trop vite ?

TEACHING

1. Mettez à l'interrogatif en employant **Est-ce que**:

Exemple: M. Brosse est le proviseur.
   Est-ce que M. Brosse est le proviseur ?

Construct a drill of six to eight items with noun subjects.

2. Faites l'exercice suivant selon l'exemple:

Exemple: M. Chamaillard enseigne-t-il un cours de civilisation ?
   Est-ce que M. Chamaillard enseigne un cours de civilisation ?

Construct a drill of ten to twelve items, using noun subjects.

3. Faites l'exercice suivant selon l'exemple:

Exemple: Connaît-il votre cousine ?
   Est-ce qu'il connaît votre cousine ?

Construct a drill of eight to ten items.

4. Mettez à l'interrogatif en employant **Est-ce que**:

Exemple: Les hommes ne veulent pas nous accompagner.
   Est-ce que les hommes ne veulent pas nous accompagner ?

Construct a drill of eight to ten items.

5. Demandez à un ami:

Exemples: ... s'il veut écouter de la musique moderne.
            Est-ce que tu veux écouter de la musique moderne ?

            ... si son professeur est sévère,
            Est-ce que ton professeur est sévère ?

Construct a drill of eight to ten items.

6. Mettez à l'interrogatif en employant **Est-ce que**:

Exemple: Notre voisin est revenu d'Europe.
           Est-ce que notre voisin est revenu d'Europe ?

Construct a drill of eight to ten items.

7. Construct drills similar to Nos. 3–6, using the other compound tenses.

TESTING

Use drills similar to Nos. 1–7, under "Teaching," mixing tenses, affirmative and negative sentences, and noun subjects with pronoun subjects.

XVII. INTERROGATIVES

ADJECTIVES

Before Nouns

PRESENTATION

Using classroom objects and personnel, ask the following questions, and have students give answers appropriate to their immediate environment:

Quel livre voulez-vous ?	(Je veux le livre rouge.)

Quel crayon voulez-vous ?
Quel cahier choisissez-vous ?
Quel garçon regardez-vous ?
Quelle jeune fille regardez-vous ?
Quelle femme est dans la photo ?
Quelle porte est petite ?
Quelle leçon étudiez-vous ?
Quels livres voulez-vous ?
Quels crayons voulez-vous ?

Continue, using all the sentences in the first group in the plural.

TEACHING

1. Demandez à quelqu'un:

Exemple: . . . quel avion il attend.
        Quel avion attendez-vous ?

Construct a drill of eight to ten items.

2. Faites l'exercice suivant selon l'exemple:

Exemple: Je veux ce livre-là.
        Quel livre ?

Construct a drill of twelve to fourteen items.

3. Remplacez le premier article défini par la forme convenable de l'adjectif interrogatif:

Exemple: La femme est dans la maison.
                Quelle femme est dans la maison ?

Construct a drill of ten to twelve items.

4. Formulez les questions qui exigent les réponses suivantes:

Exemple: Nous allons acheter ce tableau.
                Quel tableau allez-vous acheter ?

Construct a drill of twelve to fourteen items, using masculine singular, feminine singular, feminine plural, and masculine plural nouns as subject of the verb, object of the verb, and object of prepositions.

As Predicate Adjectives

PRESENTATION

Using a map of France, pictures, classroom objects, and people as much as possible, ask the following questions:

> Quel est le pays à l'est de la France ?
> Quel est ce fleuve dans le sud de la France ?
> Quelle est la capitale de la France ?
> Quelle est cette ville près de Paris ?
> Quel est cet étudiant-là ?
> Quel est cet homme devant la maison ?
> Quelle est cette femme derrière le comptoir ?
> Quelle est cette jeune fille qui lit le journal ?
> Quelle est la différence entre **connaître** et **savoir** ?
> Quelle est la réponse à cette question ?

If the teacher feels the necessity of drilling with plurals, he may continue the drill using plural nouns after the verb.

TEACHING

1. Demandez à quelqu'un:

Exemple: . . . quel est ce livre.
                Quel est ce livre ?

Construct a drill of ten to twelve items, using masculine and feminine plural nouns.

2. Construct a drill similar to No. 5, using the future of **être**.

3. Construct a drill similar to No. 5, using the imperfect of **être**.

4. Faites l'exercice suivant selon l'exemple:

Exemple: Je connais cet homme.
   Quel est l'homme que vous connaissez ?

Construct a drill of ten to twelve items.

TESTING

1. Use any of the exercises under "Teaching," mixing up the singular and the plural, the masculine and the feminine, and the tenses of **être**.

   See "Testing" under "Pronouns," below.

PRONOUNS

Qui

PRESENTATION

Using classroom personnel, make the following statements, and ask the appropriate questions with **qui**:

L'élève lit le livre.	Qui lit le livre ?
L'étudiant écrit au tableau.	Qui écrit au tableau ?
Le professeur parle à la classe.	Qui parle à la classe ?
L'étudiante écoute le professeur.	Qui écoute le professeur ?
Marie montre la carte de France.	Qui montre la carte de France ?
La jeune fille a fini la composition.	Qui a fini la composition ?
Les garçons ont entendu l'élève.	Qui a entendu l'élève ?
Les dames sont entrées dans la salle de classe.	Qui est entré dans la salle de classe ?

Repeat the same drill with **qui est-ce qui**.

Nous regardons Jean.	Qui regardez-vous ?
Elle écoute le professeur.	Qui écoute-t-elle ?
Tu consultes ton ami.	Qui consultes-tu ?
Je ne vois pas ton frère.	Qui ne vois-tu pas ?
Nous n'entendons pas la jeune fille.	Qui n'entendez-vous pas ?
Ils respectent leurs parents.	Qui respectent-ils ?
Elles admirent les dames intelligentes.	Qui admirent-elles ?

Repeat the same drill with **Qui est-ce que**.

Je parle avec mon ami.	Avec qui parlez-vous ?
Henri étudie avec ses amis.	Avec qui étudie Henri ?
Les enfants sont debout devant leurs mères.	Devant qui les enfants sont-ils debout ?
Nous étions assis près des Dumont.	Près de qui étiez-vous assis ?
Elle a acheté des gants pour sa fille.	Pour qui a-t-elle acheté des gants ?

Continue as long as necessary.

TEACHING

Use drills similar to those under "Presentation."

TESTING

Use a drill similar to those under "Presentation," but mix the uses of **qui** as subject of the verb, object of the verb, and object of prepositions.

Qu'est-ce qui

PRESENTATION

Use the following statements and questions, utilizing classroom objects as much as possible:

Le livre est sur la table.	Qu'est-ce qui est sur la table ?
La carte est au mur.	Qu'est-ce qui est au mur ?
La chaise est devant le bureau.	Qu'est-ce qui est devant le bureau ?
Les pupitres sont devant le professeur.	Qu'est-ce qui est devant le professeur ?
La classe de français est intéressante.	Qu'est-ce qui est intéressant ?
Les mathématiques ne sont pas difficiles.	Qu'est-ce qui n'est pas difficile ?

Continue as long as necessary.

TEACHING

1. Formulez les questions qui exigent les réponses suivantes, en commençant chaque question par **Qu'est-ce qui** ? (Use sentences similar to those in the "Presentation" drill.)

2. Demandez à quelqu'un:

Exemple: . . . ce qui est sur la table.

       Qu'est-ce qui est sur la table ?

Construct a drill of eight to ten items.

TESTING

1. Formulez les questions qui exigent les réponses suivantes:

Exemples: Il encourage ses soldats.

       Qui encourage-t-il ?

       La maison de notre voisin est loin.

       Qu'est-ce qui est loin ?

Construct a drill of twelve to fourteen items calling for answers using **qui** (as subject of the verb, object of the verb, and object of prepositions) and **qu'est-ce qui**. If **que** or **qu'est-ce que** have been taught, use items requiring their use also.

2. Demandez à quelqu'un:

Exemples: . . . ce qui est arrivé.

       Qu'est-ce qui est arrivé ?

       . . . ce que les garçons préfèrent.

       Que préfèrent les garçons ?

       (**Qu'est-ce que** les garçons préfèrent ?)

Construct a drill of twelve to fourteen items requiring **qui** (in different situations) as well as **que** and **qu'est-ce qui**.

Que and **Qu'est-ce que**

PRESENTATION

L'enfant veut le joujou.	Que veut l'enfant ?
Le patron vend le magasin.	Que vend le patron ?
Je prends du café au lait.	Que prenez-vous ?
Elle lit la lettre.	Que lit-elle ?
Henri plie la feuille.	Que plie Henri ?
Ils étudient le conte.	Qu'étudient-ils ?
Nous écrivons la lettre.	Qu'écrivez-vous ?
L'employé livre les bagages.	Que livre l'employé ?
L'enfant voudra les joujoux.	Que voudra l'enfant ?

Elle fait les valises.   Que fait-elle ?
Il étudie les compositions.   Qu'étudie-t-il ?
J'écris les renseignements.   Qu'écrivez-vous ?

Use the same presentation exercise for **qu'est-ce que**:

L'enfant veut le joujou.   Qu'est-ce que l'enfant veut ?
Le patron vend le magasin.   Qu'est-ce que le patron vend ?

Continue as long as necessary.

Both these structures can be presented with the use of classroom objects by having students perform an action and then asking the appropriate question beginning with **que** or **qu'est-ce que**.

TEACHING

1. Use a drill similar to the one under "Presentation."

2. Demandez à quelqu'un:

Exemple: . . . ce qu'il fait.
            Que faites-vous ?

Construct a drill of eight to ten items.

3. Use drills similar to Nos. 1 and 2, using all compound tenses.

4. Repeat Nos. 1 and 2, using **qu'est-ce que** in the answer.

TESTING

1. Use drills similar to Nos. 1 and 2, under "Teaching," including masculine singular, feminine singular, masculine plural, and feminine plural noun objects, as well as simple and compound tenses.

2. Demandez à quelqu'un:

Exemple: . . . ce qu'il écoute.
            Qu'écoutez-vous ?
            (Qu'est-ce que vous écoutez ?)

Construct a drill which will require also the use of **qu'est-ce qui**, **qui** (in different situations), and the compound tenses. As a further challenge, use some negative sentences.

Quoi

PRESENTATION

Use the following statements and questions, utilizing classroom objects as much as possible, to present this structure:

Il écrit avec le stylo.	Avec quoi écrit-il ?
Elle met son papier sur son pupitre.	Sur quoi met-elle son papier ?
Je cache ma lettre dans mon cahier.	Dans quoi cachez-vous votre lettre ?
Elles mettent leurs affaires sous leurs chaises.	Sous quoi mettent-elles leurs affaires ?
Ils sont assis près des fenêtres.	Près de quoi sont-ils assis ?
J'ai besoin d'encre.	De quoi avez-vous besoin ?
Nous pensons à nos devoirs.	À quoi pensez-vous ?

Continue as long as necessary. If the class in question is slow, it may be wise to construct an entire drill using only **avec**, and then pass on to the other prepositions.

TEACHING

1. Formulez les questions qui exigent les réponses suivantes:

Exemple: Il met ses papiers dans sa serviette.
           Dans quoi met-il ses papiers ?

Construct a drill of twelve to fourteen items, using simple and compound tenses.

2. Repeat No. 1 using compound tenses and some negative sentences in the stimulus.

TESTING

1. Construct drills similar to Nos. 1 and 2 under "Teaching," using all tenses and some negative sentences.

Qu'est-ce que c'est que (Qu'est-ce que)

PRESENTATION

Qu'est-ce que c'est qu'un chien ?
Qu'est-ce que c'est qu'un chat ?

Qu'est-ce que c'est qu'une fleur ?
Qu'est-ce que c'est qu'une maison ?
Qu'est-ce que c'est que la littérature ?
Qu'est-ce que c'est que la démocratie ?
Qu'est-ce que c'est que la liberté ?
Qu'est-ce que c'est que la sensibilité ?

Use the same drill to present **qu'est-ce que**.

TEACHING

1. Remplacez **cheval** par les noms donnés:

Exemple: Qu'est-ce que c'est qu'un cheval ?
————— — ——— —— bâtiment ?
Qu'est-ce que c'est qu'un **bâtiment** ?

Construct a drill of eight to ten items.

2. Demandez à quelqu'un:

Exemple: . . . ce que c'est qu'une chaise.
Qu'est-ce que c'est qu'une chaise ?

Construct a drill of eight to ten items.

3. Formulez les questions qui exigent les réponses suivantes:

Exemple: Le cheval est un animal.
Qu'est-ce que c'est qu'un cheval ?

Construct a drill of six to eight items.

Use the same drills to practice **qu'est-ce que**.

TESTING

1. Formulez les questions qui exigent les réponses suivantes en employant **Quel (quelle**, etc.) ou **qu'est-ce que c'est que (qu'est-ce que)**:

Exemples: L'objection est qu'il ne peut pas le faire.
Quelle est l'objection ?

Une maison est une demeure.
Qu'est-ce que c'est qu'une maison ?

Construct a drill of eight to ten items.

Lequel, Laquelle, etc.

PRESENTATION

Use the following questions and answers, utilizing classroom objects and personnel as much as possible:

Quel stylo voulez-vous ?	Lequel voulez-vous ?
Quel crayon utilisez-vous ?	Lequel utilisez-vous ?
Quel livre lisez-vous ?	Lequel lisez-vous ?
Quel garçon est votre ami ?	Lequel est votre ami ?
Quel professeur est bon ?	Lequel est bon ?
Quelle fenêtre est ouverte ?	Laquelle est ouverte ?
Quelle porte est fermée ?	Laquelle est fermée ?
Quelle jeune fille est votre sœur ?	Laquelle est votre sœur ?
Quels cahiers cherchez-vous ?	Lesquels cherchez-vous ?
Quels enfants connaissez-vous ?	Lesquels connaissez-vous ?
Quelles feuilles prenez-vous ?	Lesquelles prenez-vous ?
Quelles cousines sont arrivées ?	Lesquelles sont arrivées ?
De quelle phrase parle-t-il ?	De laquelle parle-t-il ?
De quelle feuille avez-vous besoin ?	De laquelle avez-vous besoin ?
De quel homme s'agit-il ?	Duquel s'agit-il ?
De quel professeur est-il question ?	Duquel est-il question ?
De quel employé se plaint-elle ?	Duquel se plaint-elle ?
De quel conte est-il l'auteur ?	Duquel est-il l'auteur ?
De quelles dames connaissez-vous les maris ?	Desquelles connaissez-vous les maris ?
De quelles pièces viennent ces morceaux ?	Desquelles viennent ces morceaux ?
De quels pays sont-ils arrivés ?	Desquels sont-ils arrivés ?
De quels messieurs s'agit-il ?	Desquels s'agit-il ?
À quel homme parlez-vous ?	Auquel parlez-vous ?
À quel frère écrivez-vous ?	Auquel écrivez-vous ?
À quelle étudiante pose-t-il une question ?	À laquelle pose-t-il une question ?
À quelle jeune fille as-tu dit le secret ?	À laquelle as-tu dit le secret ?
À quels voisins avez-vous envoyé des invitations ?	Auxquels avez-vous envoyé des invitations ?
À quels parents avez-vous rendu visite ?	Auxquels avez-vous rendu visite ?

À quelles tantes a-t-elle demandé des conseils ?

Auxquelles a-t-elle demandé des conseils ?

À quelles expositions ont-ils assisté ?

Auxquelles ont-ils assisté ?

TEACHING

1. Remplacez l'adjectif interrogatif et le nom qui suit par le pronom interrogatif:

Exemple: Quel stylo voulez-vous ?
        Lequel voulez-vous ?

Construct a drill of twelve to fourteen items.

2. Remplacez l'adjectif interrogatif et le nom qui suit par le pronom interrogatif:

Exemple: De quel enfant est-elle la mère ?
        Duquel est-elle la mère ?

Construct a drill of ten to twelve items.

3. Remplacez l'adjectif interrogatif et le nom qui suit par le pronom interrogatif:

Exemple: À quelles cousines enverrez-vous des cadeaux ?
        Auxquelles enverrez-vous des cadeaux ?

Construct a drill of ten to twelve items.

4. Faites l'exercice suivant selon les exemples:

Exemples: Donnez-moi ce papier.
        Lequel ?

        Nous avons besoin de ce stylo.
        Duquel ?

Construct a drill of eight to ten items.

5. Demandez à quelqu'un, en remplaçant l'adjectif interrogatif et le nom qui suit par le pronom convenable:

Exemple: . . . quels enfants il cherche.
        Lesquels cherchez-vous ?

6. Formulez les questions qui exigent les réponses suivantes, en commençant chaque question par **lequel, laquelle, lesquels**, ou **lesquelles**:

Exemple: La maison n'est pas grande.
           Laquelle n'est pas grande ?
Construct a drill of ten to twelve items.

TESTING

Construct drills similar to Nos. 1–6 under "Teaching," mixing up singulars and plurals, masculines and feminines, simple and compound tenses, and affirmative and negative sentences.

XVIII. NEGATION

WITH SIMPLE TENSES

PRESENTATION

Using classroom objects and personnel, ask the following questions, make a negative signal by shaking the head, and give the negative answers:

Jean a-t-il la carte ?	Non, Jean n'a pas la carte.
Marie a-t-elle le stylo ?	Non, Marie n'a pas le stylo.
Les élèves écrivent-ils maintenant ?	Non, les élèves n'écrivent pas maintenant.
Les jeunes filles parlent-elles aux garçons ?	Non, les jeunes filles ne parlent pas aux garçons.
Êtes-vous au bureau du professeur ?	Non, nous ne sommes pas au bureau du professeur.
Sommes-nous dans la cour de l'école ?	Non, nous ne sommes pas dans la cour de l'école.
As-tu le livre du professeur ?	Non, je n'ai pas le livre du professeur.
Est-ce que je lis la leçon à la classe ?	Non, vous ne lisez pas la leçon à la classe.

Construct a presentation drill in which there are single and multiple pronoun objects.

Construct presentation drills for **ne . . . jamais, ne . . . plus, ne . . . point, ne . . . rien, ne . . . personne, ne . . . guère, ne . . . que, ne . . . aucun (nul),** and **ne . . . ni . . . ni** as required.

TEACHING

1. Mettez au négatif:

Exemple: Nous travaillons dur.
          Nous **ne** travaillons **pas** dur.

Construct a drill of ten to twelve items, using as many of the simple tenses as possible.

2. Mettez à l'affirmatif:

Exemple: Elle ne lutte pas contre l'impossible.
           Elle lutte contre l'impossible.

Construct a drill of eight to ten items, using as many of the simple tenses as possible.

3. Répondez au négatif en commençant chaque phrase par **non**:

Exemple: Voyez-vous le tableau noir?
           Non, je ne vois pas le tableau noir.

Construct a drill of twelve to fourteen items, using as many of the simple tenses as possible.

4. Dites à quelqu'un:

Exemple: ... que vous ne connaissiez pas son père.
           Je ne connaissais pas votre père.

Construct a drill of twelve to fourteen items, using as many of the simple tenses as possible.

TESTING

1. Dites à quelqu'un:

Exemple: ... que vous n'êtes jamais mécontent.
           Je ne suis jamais mécontent.

Construct a drill of ten to twelve items, using different tenses and different negatives.

2. Mettez au négatif en employant l'expression donnée:

Exemple: Nous nous levons à sept heures et demie. (ne . . . jamais)
           Nous **ne** nous levons **jamais** à sept heures et demie.

Construct a drill of ten to twelve items.

3. Répondez au négatif en employant l'expression donnée:

Exemple: Allez-vous au salon de l'auto? (ne . . . jamais)
           Je **ne** vais **jamais** au salon de l'auto.

Construct a drill of ten to twelve items.

WITH COMPOUND TENSES

PRESENTATION

Nous avons reçu les cadeaux.

Nous n'avons pas reçu les cadeaux.

Elles ont fait sa connaissance.

Elles n'ont pas fait sa connaissance.

Il avait accueilli ses amis.

Il n'avait pas accueilli ses amis.

Ils sont retournés chez eux.

Ils ne sont pas retournés chez eux.

Continue for five to seven more items, using different compound tenses.

Construct presentation drills for the other negatives as needed. For **ne ... personne, ne ... que, ne ... aucun (nul)**, and **ne ... ni ... ni**, see the end of the section on "Negation."

Elle m'a raconté l'histoire.

Elle ne m'a pas raconté l'histoire.

Ils vous ont dit de revenir.

Ils ne vous ont pas dit de revenir.

Nous vous avions demandé de rester.

Nous ne vous avions pas demandé de rester.

Je me serai réveillé de bonne heure.

Je ne me serai pas réveillé de bonne heure.

Elle s'est hâtée de répondre.

Elle ne s'est pas hâtée de répondre.

Tu le lui as dit.

Tu ne le lui as pas dit.

Vous les leur auriez confiés.

Vous ne les leur auriez pas confiés.

Continue as long as necessary.

TEACHING

1. Dites à quelqu'un:

Exemple: ... que vous n'avez pas trouvé vos lunettes.
Je n'ai pas trouvé mes lunettes.

Construct a drill of eight to ten items.

2. Mettez au négatif:

Exemple: J'ai entendu parler cet homme.
Je **n'ai pas** entendu parler cet homme.

Construct a drill of ten to twelve items, using different compound tenses and only verbs conjugated with **avoir**.

3. Mettez au négatif:

Exemple: Elle est descendue nous recevoir.
Elle **n'est pas** descendue nous recevoir.

Construct a drill of twelve to fourteen items, using all compound tenses and only verbs conjugated with **être**.

4. Mettez au négatif:

Exemple: Je l'ai abîmé aujourd'hui.
Je **ne** l'ai **pas** abîmé aujourd'hui.

Construct a drill of twelve to fourteen items, using multiple pronoun objects and all compound tenses.

5. Répondez au négatif en commençant chaque réponse par **non**:

Exemple: Étiez-vous allé le chercher?
Non, je n'étais pas allé le chercher.

Construct a drill of ten to twelve items.

6. Répondez au négatif en employant l'expression donnée:

Exemple: Aurait-elle consenti à nous voir? (ne . . . jamais)
Elle n'aurait jamais consenti à nous voir.

Construct a drill of ten to twelve items, using **ne . . . point, ne . . . plus**, and **ne . . . guère**.

TESTING

Use drills similar to 1–6 under "Teaching," mixing the negative adverbs, the simple and compound tenses, reflexives with nonreflexives, and sentences with and without pronoun objects.

WITH INFINITIVES

PRESENTATION

Simple infinitive

Il est bon de ne pas hésiter.
Je lui ai dit de ne pas se dépêcher.
Il m'a demandé de ne pas continuer.
Elle lui a conseillé de ne jamais dire cela.
Monsieur est content de ne plus travailler.
Il vaut mieux ne rien ajouter.
Il est rare de ne point tomber ici.
Nous sommes contents de ne voir personne ici.
Elle est surprise de ne connaître personne.

M. Darrigade est déçu de ne rencontrer personne.
Les visiteurs regrettent de ne parler à personne.
Je suis sûr de n'y trouver que deux étudiants.
Mme Dumont ne veut inviter que dix dames.
Mlle Davranche est certaine de n'y trouver que deux bons romans.

Perfect infinitive

Elle est ravie de ne pas avoir hésité.
Elle regrette de ne pas avoir continué.
On l'a accusé de ne pas avoir dit la vérité.
M. Dumas nous a remerciés de ne jamais l'avoir trahi.
Mme Daudet a été embarrassée de ne pas s'être dépêchée.

Repeat the above presentation, putting **ne** before and the second part of the negation after the auxiliary.

Nous sommes contents de n'avoir rencontré personne.
Elle était surprise de n'avoir froissé personne.
M. Darrigade est déçu de n'avoir convaincu personne.
Les visiteurs regrettent de n'avoir parlé à personne.
Je suis sûr de n'y avoir trouvé que deux étudiants.
Mme Dumont est contente de n'avoir invité que deux dames.
Mille Davranche est certaine de n'y avoir trouvé que deux bons romans.

TEACHING

Simple infinitive

1. Remplacez **hésiter** par les mots donnés:

Exemple: Il vaut mieux ne pas hésiter.
                 — —— ——— — — tomber.
           Il vaut mieux ne pas **tomber**.

Construct a drill of ten to twelve items.

2. Remplacez **ne pas** par les expressions données:

Exemple: Il vaut mieux ne pas hésiter.
                 — —— ——— ne point ———.
           Il vaut mieux **ne point** hésiter.

Construct a drill of three or four items.

3. Ajoutez l'expression donnée à la phrase:

Exemple: Il vaut mieux parler à voix basse. (ne pas)
           Il vaut mieux **ne pas** parler à voix basse.

Construct a drill of eight to ten items.

4. Faites l'exercice suivant selon l'exemple:

Exemple: Est-il bon de ne pas continuer la discussion ?
           Oui, il est bon de ne pas continuer la discussion.

Construct a drill of eight to ten items, using **ne pas, ne plus, ne jamais**, etc.

Perfect infinitive

5. Remplacez **avoir étudié** par les expressions données:

Exemple: Nous regrettons de ne pas avoir étudié.
           —— ———— —— — — avoir répondu.
           Nous regrettons de ne pas **avoir répondu**.

Construct a drill of twelve to fourteen items.

6. Remplacez **ne pas** par les expressions données:

Exemple: Nous regrettons de ne pas avoir visité le musée.
           —— ———— — ne jamais ——— ——— — ———.
           Nous regrettons de **ne jamais** avoir visité le musée.

Construct a drill of six items. Construct a different drill for verbs conjugated with **être**.

7. Ajoutez l'expression donnée à la phrase:

Exemple: Nous sommes ravis de les avoir évités. (ne pas)
           Nous sommes ravis de **ne pas** les avoir évités.

Construct a drill of eight to ten items.

Repeat Nos. 5–7, placing **ne** before and the second part of the negation after the auxiliary.

Construct similar drills for **ne . . . personne** and **ne . . . que**.

TESTING

Construct a drill similar to No. 7, under "Teaching," including present and perfect infinitives, verbs conjugated with **avoir** and **être**, reflexive verbs, verbs having a preceding direct object, and as many different negatives as possible.

Personne ne, rien ne, nul ne, aucun ne

PRESENTATION

Qui est venu nous chercher ?	Personne n'est venu nous chercher.
Qui a posé des questions ?	Personne n'a posé de questions.
Qui a demandé les notes de la conférence ?	Personne n'a demandé les notes de la conférence.
Qu'est-ce qui est arrivé ?	Rien n'est arrivé.
Qu'est-ce qui est si important ?	Rien n'est si important.
Qu'est-ce qui a causé la bagarre ?	Rien n'a causé la bagarre.
Combien d'entre eux vous ont cherché ?	Nul ne m'a cherché.
Laquelle vous a aidé ?	Nulle ne m'a aidé.
Lesquels de vos amis vous ont envoyé des cadeaux ?	Nul ne m'a envoyé de cadeaux

Use the same drill, substituting **aucun** for **nul**.

TEACHING

1. Répondez au négatif:

Exemple: Qui joue du piano ici ?
Personne ne joue du piano ici.

Construct a drill of ten to twelve items.

2. Répondez au négatif:

Exemple: Qu'est-ce qui vous gêne ?
Rien ne me gêne.

Construct a drill of eight to ten items.

3. Répondez au négatif en employant **aucun**:

Exemple: Quels étudiants vous ont cherché ?
Aucun ne m'a cherché.

Construct a drill of six to eight items.

TESTING

Construct a drill similar to those under "Teaching," including **personne ne, rien ne, aucun ne, nul(le) ne**.

XIX. NEGATIVE-INTERROGATIVE SENTENCES

SENTENCES WITH PRONOUN SUBJECTS

PRESENTATION

Savez-vous la leçon ? | Ne savez-vous pas la leçon ?

Connaissez-vous cet homme ? | Ne connaissez-vous pas cet homme ?

Est-il conscient des problèmes de la jeunesse ? | N'est-il pas conscient des problèmes de la jeunesse ?

Sommes-nous à l'endroit désigné ? | Ne sommes-nous pas à l'endroit désigné ?

A-t-il reçu des nouvelles de son oncle ? | N'a-t-il pas reçu de nouvelles de son oncle ?

Vous ont-ils conseillé de rester ? | Ne vous ont-ils pas conseillé de rester ?

S'étaient-ils rendu compte de votre présence ? | Ne s'étaient-ils pas rendu compte de votre présence ?

TEACHING

1. Mettez au négatif-interrogatif:

Exemple: Allez-vous à l'église ?
N'allez-vous pas à l'église ?

Construct a drill of ten to fourteen items, using only the simple tenses. Do not use pronoun objects.

2. Mettez au négatif-interrogatif:

Exemple: Lui donnerez-vous les bonnes nouvelles ?
Ne lui donnerez-vous **pas** les bonnes nouvelles ?

Construct a drill of ten to twelve items, using the simple tenses and pronoun objects.

3. Mettez au négatif-interrogatif:

Exemple: Êtes-vous resté longtemps à Paris ?
           N'êtes-vous **pas** resté longtemps à Paris ?

Construct a drill of twelve to fourteen items, using all the compound tenses but no pronoun objects.

4. Mettez au négatif-interrogatif:

Exemple: Lui a-t-on dit la vérité ?
           Ne lui a-t-on **pas** dit la vérité ?

Construct a drill of twelve to fourteen items, using all the compound tenses and single and multiple pronoun objects.

5. Mettez au négatif-interrogatif:

Exemple: Ils font leurs adieux maintenant.
           Ne font-ils **pas** leurs adieux maintenant ?

Construct a drill of twelve to fourteen items, using affirmative sentences as stimuli. If it is considered desirable, the progressive use of pronoun objects and compound tenses used in Nos. 1–4 may be repeated.

6. Faites l'exercice suivant selon l'exemple:

Exemple: Il va passer quelque temps à New-York.
           N'a-t-il pas déjà passé quelque temps à New-York ?

Construct a drill of ten to twelve items.

This drill may be complicated further by using pronoun objects and other compound tenses as well.

TESTING

1. Mettez au négatif-interrogatif:

Exemple: Les leur a-t-on envoyés ?
           Ne les leur a-t-on **pas** envoyés ?

Construct a drill of twelve to fourteen items.

2. Mettez au négatif-interrogatif:

Exemple: Ils les leur avaient donnés.
           Ne les leur avaient-ils **pas** donnés ?

Construct a drill of eight to ten items.

3. Construct a drill similar to No. 6 under "Teaching."

SENTENCES WITH NOUN SUBJECTS

PRESENTATION

Marie excuse-t-elle ta faute ?	Marie n'excuse-t-elle pas ta faute ?
Étienne accompagnera-t-il ses amis ?	Étienne n'accompagnera-t-il pas ses amis ?
Les enfants voudraient-ils manger ?	Les enfants ne voudraient-ils pas manger ?
Les clients sont-ils contents ?	Les clients ne sont-ils pas contents ?
Le prêtre prêche-t-il bien ?	Le prêtre ne prêche-t-il pas bien ?
Le patron paye-t-il bien ses employés ?	Le patron ne paye-t-il pas bien ses employés ?
Votre cousin vous enverra-t-il les peintures ?	Votre cousin ne vous enverra-t-il pas les peintures ?
Vos amis les leur raconteront-ils ?	Vos amis ne les leur raconteront-ils pas ?
Vos frères ont-ils fait leurs études ici ?	Vos frères n'ont-ils pas fait leurs études ici ?
Leurs parents ont-ils fait votre connaissance ?	Leurs parents n'ont-ils pas fait votre connaissance ?
Les étudiants ont-ils reçu leurs notes ?	Les étudiants n'ont-ils pas reçu leurs notes ?
L'ingénieur avait-il construit ce pont ?	L'ingénieur n'avait-il pas construit ce pont ?
Le médecin avait-il soigné ses malades ?	Le médecin n'avait-il pas soigné ses malades ?
Les touristes les auront-ils visités ?	Les touristes ne les auront-ils pas visités ?
Les guides les leur auraient-ils expliqués ?	Les guides ne les leur auraient-ils pas expliqués ?
Les acteurs nous l'auraient-ils présenté ?	Les acteurs ne nous l'auraient-ils pas présenté ?
Les invités sont-ils rentrés de bonne heure ?	Les invités ne sont-ils pas rentrés de bonne heure ?
Les enfants se sont-ils dépêchés ?	Les enfants ne se sont-ils pas dépêchés ?

Continue as long as necessary. The above presentation can be divided into four groups: (1) sentences with no pronoun objects, (2) sentences with pronoun objects, (3) sentences involving verbs conjugated with **être**, and (4) sentences involving reflexive verbs. Teach and test each point before going on to the next.

TEACHING

1. Mettez au négatif-interrogatif:

Exemple: Anne va-t-elle à l'église le dimanche ?
           Anne **ne** va-t-elle **pas** à l'église le dimanche ?

Construct a drill of ten to twelve items.

2. Mettez au négatif-interrogatif:

Exemple: Manon vous exuse-t-elle ?
           Manon **ne** vous excuse-t-elle **pas** ?

Construct a drill of ten to twelve items.

3. Mettez au négatif-interrogatif:

Exemple: Mes copains vous voyaient souvent.
           Mes copains **ne vous voyaient-ils pas** souvent ?

Construct a drill of ten to twelve items, being careful to avoid stimulus sentences which would result in unnatural or illogical answers. Use as many different simple tenses as possible.

4. Mettez au négatif-interrogatif:

Exemple: Les voisins ont-ils vendu leur maison ?
           Les voisins **n'**ont-ils **pas** vendu leur maison ?

Construct a drill of ten to twelve items, using as many different tenses as possible, but avoiding pronoun objects.

5. Mettez au négatif-interrogatif:

Exemple: Les élèves vous les ont-ils apportés ?
           Les élèves **ne** vous les ont-ils **pas** apportés ?

Construct a drill of twelve to fourteen items, using different compound tenses and pronoun objects.

6. Mettez au négatif-interrogatif:

Exemple: Les invités sont-ils arrivés à l'heure ?
           Les invités **ne** sont-ils **pas** arrivés à l'heure ?

Construct a drill of ten to twelve items, using all the compound tenses.

7. Mettez au négatif-interrogatif:

Exemple: Se sont-ils approchés de la maison?
Ne se sont-ils **pas** approchés de la maison?

Construct a drill of ten to twelve items, using all the compound tenses.

For variation, it is possible to do all the above drills with stimulus sentences in the negative rather than the interrogative.

TESTING

1. Mettez au négatif-interrogatif:

Exemple: Le bureau sera-t-il ouvert cet après-midi?
Le bureau **ne** sera-t-il **pas** ouvert cet après-midi?

Construct a drill of twelve to fourteen items, mixing simple and compound tenses, verbs conjugated with **avoir** and **être**, and stimulus sentences in the affirmative, interrogative, and negative. Avoid pronoun objects.

2. Mettez au négatif-interrogatif:

Exemple: Les parents de mon ami vous l'avaient dit.
Les parents de mon ami **ne vous l'avaient-ils pas** dit?

Construct a drill of twelve to fourteen items, using simple and compound tenses with pronoun objects and stimulus sentences in the negative and interrogative as well as the affirmative.

3. Faites l'exercice suivant selon les exemples:

Exemples: Nous irons au Louvre cet après-midi.
N'êtes-vous pas déjà allés au Louvre?
Elles le font à ce moment.
Ne l'ont-elles pas déjà fait?

Construct a drill of ten to twelve items.

4. Repeat No 3, using the pluperfect tense in the answer.

5. Demandez à un ami:

Exemple: . . . s'il n'est pas allé au concert.
N'es-tu pas allé au concert?

Construct a drill of twelve to fourteen items, using all the different situations drilled in the exercises dealing with this structure.

XX. NOUNS

GENDER AND NUMBER

See "Articles—Definite Article."

AS SUBJECTS OF INTERROGATIVE SENTENCES

See "Interrogation—With a Noun Subject."

GENERIC USE

PRESENTATION

Asking the following questions of individual students, prompt them to give affirmative answers:

Jean, aimez-vous le lait ?	Oui, monsieur (madame, mademoiselle), j'aime le lait.
Marie, aimez-vous le pain ?	Oui, monsieur, j'aime le pain.
Anne, aimez-vous le beurre ?	Oui, monsieur, j'aime le beurre.
Henri, aimez-vous les légumes ?	Oui, monsieur, j'aime les légumes.
Raymond, aimez-vous l'argent ?	Oui, monsieur, j'aime l'argent.
Jacques, aimez-vous la poésie ?	Oui, monsieur, j'aime la poésie.
Nanette, comprenez-vous les mathématiques ?	Oui, monsieur, je comprends les mathématiques.
Votre père apprécie-t-il la peinture moderne ?	Oui, monsieur, mon père apprécie la peinture moderne.
Le lait est-il bon pour la santé ?	Oui, monsieur, le lait est bon pour la santé.
Le beurre est-il bon pour la santé ?	Oui, monsieur, le beurre est bon pour la santé.

La musique moderne est-elle
  intéressante ?

Oui, monsieur, la musique moderne
est intéressante.

Les mathématiques sont-ils difficiles
  pour vous ?

Oui, monsieur, les mathématiques
sont difficiles pour moi.

TEACHING

1. Remplacez **le lait** par les noms donnés:

Exemple: Nous aimons beaucoup le lait.
—— —— —— le pain.
Nous aimons beaucoup **le pain**.

Construct a drill of ten to twelve items.

2. Remplacez **l'économie politique** par les noms donnés:

Exemple: L'économie politique est intéressante.
La géologie —— ——.
La géologie est intéressante.

Construct a drill of ten to twelve items.

3. Répondez en employant les réponses données:

Exemple: Quels romans préférez-vous ? (les romans modernes)
Je préfère les romans modernes.

Construct a drill of eight to ten items.

4. Dites à un ami:

Exemple: . . . que vous aimez la musique.
J'aime la musique.

Construct a drill of ten to twelve items.

5. Demandez à un ami:

Exemple: . . . s'il lit les romans modernes.
Lis-tu les romans modernes ?

Construct a drill of eight to ten items.

TESTING

Use any of the drills under "Presentation" and "Teaching," taking care
to avoid the maintenance of a sequence (such as the masculine singular,
feminine singular, etc.).

A variation on the presentation drill would be to ask for a negative answer.

XXI. NUMBERS

CARDINAL

PRESENTATION

Using classroom objects and personnel, teach the numbers 1–20. Sentences similar to the following may be used:

Combien de livres y a-t-il sur la table ?	Il y a un livre (deux livres) sur la table.
Combien de garçons y a-t-il au premier rang ?	Il y a trois garçons au premier rang.
Combien de jeunes filles y a-t-il au deuxième rang ?	Il y a quatre jeunes filles au deuxième rang.
Combien de pupitres y a-t-il au premier rang ?	Il y a cinq pupitres au premier rang.
Combien de rangs y a-t-il dans la salle de classe ?	Il y a six rangs dans la salle de classe.
Combien de jeunes filles y a-t-il aux deux premiers rangs ?	Il y a sept jeunes filles aux deux premiers rangs.

When all the numbers that can be taught with the help of visual aids have been learned, the teacher may write numbers on the board and have the students repeat. If the teacher prefers, he may teach from the beginning with the aid of numbers written on the board.

TEACHING

1. Write numbers on the board and have the students read chorally or individually.

2. Faites l'exercice suivant selon l'exemple:

Exemple: $5 + 4 = 9$

Cinq et quatre font neuf.

Construct a drill of ten to twelve items.

3. Faites l'exercice suivant selon l'exemple:

Exemple: 10 − 2 = 8
   Dix moins deux fait huit.

Construct a drill of ten to twelve items.

4. Faites l'exercice suivant selon l'exemple:

Exemple: 20 ÷ 5 = 4
   Vingt divisé par cinq fait quatre.

Construct a drill of ten to twelve items.

5. Faites l'exercice suivant selon l'exemple:

Exemple: 5 × 5 = 25
   Cinq multiplié par cinq fait vingt-cinq.

Construct as long a drill as necessary.

TESTING

1. Faites l'exercice suivant selon l'exemple:

Exemple: 5 + 5 = ...
   Cinq et cinq font dix.

Construct a drill of ten to twelve items.

2. Construct drills similar to Nos. 2–4 under "Teaching," but do not give the answer to the arithmetical problem (See No. 1 above).

3. Répondez par des phrases complètes [provide visual stimuli on which the student may base his answers]:

Combien de **crayons** y a-t-il sur la table ?
Combien de **craies** y a-t-il sur la table ?

See also the "Presentation" drill above.

4. Répondez par des phrases complètes:

Exemple: Combien font trois et sept ?
   Trois et sept font dix.

Construct a drill of ten to twelve items, using division and multiplication problems as well as addition and subtraction.

ORDINAL

PRESENTATION

Using classroom objects and personnel, ask the following questions, give the appropriate answers, and have the students repeat:

Quel garçon s'appelle Henri ?	Le premier garçon s'appelle Henri.
Quel garçon s'appelle Georges ?	Le deuxième garçon s'appelle Georges.
Quel garçon s'appelle Étienne ?	Le troisième garçon s'appelle Étienne.
Quelle jeune fille s'appelle Marie ?	La première jeune fille s'appelle Marie.
Quelle jeune fille s'appelle Jeanne ?	La deuxième jeune fille s'appelle Jeanne.
Quelle jeune fille s'appelle Anne ?	La troisième jeune fille s'appelle Anne.

If objects are preferred to persons, sentences like **Quel crayon est jaune ? Le premier crayon est jaune** may be used.

TEACHING

1. Dites à un ami:

Exemple: . . . que la première jeune fille s'appelle Marie.
    La première jeune fille s'appelle Marie.

Construct a drill of ten to twelve items.

2. Donnez le nombre ordinal qui correspond au nombre donné:

Exemple: deux
    deuxième

Construct a drill of as many items as desirable.

3. Lisez les nombres suivants:

Exemple: 3e
    troisième

Same directions as for No. 2.

4. Répondez par des phrases complètes en employant la réponse donnée.

Exemple: Quelle jeune fille connaissez-vous ? (la première)
      Je connais la première jeune fille.

Construct a drill of ten to twelve items.

5. Repeat No. 4, giving the student a free choice in his answers.

TESTING

Use any of the drills under "Teaching," especially No. 5. A variation of No. 5 would consist of writing on the board a number whose ordinal form would be used in the answer.

XXII. ORTHOGRAPHICAL-CHANGING VERBS

Verbs in this class present a spelling, that is, writing, problem. The students will have learned the regular conjugations long before they are introduced to the orthographical-changing verbs. Their only problem is to learn what spelling changes take place in certain forms. Therefore, promptly after the oral presentation of the conjugation, each verb should be written on the board and its peculiarities pointed out to the class. The "Teaching" exercises should be written immediately after they have been done orally.

VERBS IN -ELER AND -ETER

PRESENTATION

Students should be familiar with some forms of **s'appeler** from the first week of school. This offers an excellent starting point for the teaching of verbs in **-eler**. The review and teaching may take the following form:

Comment vous appelez-vous ?	Je m'appelle Jacques.
Comment t'appelles-tu ?	Je m'appelle Jacques.
Comment s'appelle-t-il ?	Il s'appelle Jacques.
Comment t'appelles-tu ?	Je m'appelle Marie.
Comment s'appelle-t-elle ?	Elle s'appelle Marie.
Comment s'appellent ces deux garçons ?	Ils s'appellent Henri et Joseph.
Comment s'appellent ces deux jeunes filles ?	Elles s'appellent Henriette et Nanette.
Comment nous appelons-nous ?	Nous nous appelons Raymond et Jacques.

Instead of constructing a whole drill on the subjunctive, it may be well to tell the students that the **l** doubles in the same places as in the present indicative.

T'appelleras-tu Robert?	Oui, je m'appellerai Robert.
S'appellera-t-il Charles?	Oui, il s'appellera Charles.
Nous appellerons-nous Antoine et René?	Oui, nous nous appellerons Antoine et René.
Vous appellerez-vous Marie et Catherine?	Oui, nous nous appellerons Marie et Catherine.
S'appelleront-ils Michel et Maurice?	Oui, ils s'appelleront Michel et Maurice.

It is not necessary to construct a drill on the conditional. The students may simply be told that the 1 doubles throughout the conditional, as it does in the future.

> Appelle-toi Robert.
> Qu'il s'appelle Georges.
> Appelons-nous Patrick et Pierre.
> Appelez-vous Jacques.
> Qu'ils s'appellent Thomas et Jean.

Construct as many similar drills for -eter (jeter) verbs as necessary.

TEACHING

1. Remplacez **s'appelle** par la forme convenable du même verbe:

Exemple: Elle s'appelle Dupont.
           Tu ——— ———.
           Tu t'appelles Dupont.

Construct a drill to include all the six persons of the verb.

2. Remplacez **nous appelions** par la forme convenable du même verbe:

Exemple: Il doute que nous nous appelions Dupont.
           — ——— — ils ——— ———.
           Il doute qu'**ils s'appellent** Dupont.

Continue as above.
Construct similar drills for the future and conditional.

3. Mettez le verbe singulier au pluriel et le pluriel au singulier:

Exemple: Je m'appelle Davranche.
           Nous nous appelons Davranche.

Construct a drill of eight to ten items, using only the present indicative.
Construct similar drills for the future, the conditional, and the present subjunctive.

4. Dites à un ami:

Exemple: . . . que vous vous appelez Jean.
             Je m'appelle Jean.

Construct a drill of ten to fourteen items.
Construct a similar series of drills for **-eter** (**jeter**) verbs.
For additional drills, *see* "Testing," below.

TESTING

1. Mettez le verbe singulier au pluriel et le pluriel au singulier:

Exemple: Nous nous appellerions Dumont.
             Je m'appellerais Dumont.

Construct a drill of eight to ten items.

2. Mettez le verbe au futur:

Exemple: Je m'appelle Delacroix.
             Je m'appellerai Delacroix.

Construct a drill of eight to ten items.
Construct similar drills for the conditional, the subjunctive, and the imperative.

3. Mettez le verbe singulier au pluriel et le pluriel au singulier:

Exemple: Ils jettent la balle aux garçons.
             Il jette la balle aux garçons.

Construct a drill of twelve to fourteen items, using different tenses and verbs in **-eler** as well as in **-eter**. For greater challenge, use single and multiple pronoun objects with **-eter** verbs.

VERBS IN -GER

PRESENTATION

Maintenant nous mangeons du pain.
Ce matin je mangeais du pain.
Ce matin tu mangeais du pain.
Ce matin il mangeait du pain.
Ce matin ils mangeaient du pain.
Hier je mangeai du pain.
Hier tu mangeas du pain.

Hier il mangea du pain.
Hier nous mangeâmes du pain.
Hier vous mangeâtes du pain.
Mangeons du pain.
Il est sorti en mangeant du pain.

Prepare similar drills for **changer, songer, plonger, nager, partager, encourager, charger,** and any other verb that is considered useful for the class.

TEACHING

1. Remplacez **mange** par la forme convenable du même verbe:

Exemple: Je mange des légumes.
            Tu ——— — ———.
            Tu manges des légumes.

Construct a drill, using all the forms of the present tense.

2. Remplacez **mangeais** par la forme convenable du même verbe:

Exemple: Tu mangeais du fruit.
            Nous ——— — ———.
            Nous mangions du fruit.

Construct a drill, using all the forms of the imperfect tense.

3. Remplacez **nageâmes** par la forme convenable du même verbe:

Exemple: Nous nageâmes dans la mer.
            Ils ——— ——— — —.
            Ils nagèrent dans la mer.

Construct a drill, using all the forms of the past definite (*passé simple*).

4. Mettez le verbe singulier au pluriel et le pluriel au singulier:

Exemple: Ils nagent dans la piscine.
            Il nage dans la piscine.

Construct a drill of ten to twelve items, using different verbs, maintaining a sequence, and confining the drill to the present tense.

Construct similar drills for the imperfect, the past definite, and the imperative.

5. Dites à un ami:

Exemple: . . . que vous encouragiez vos amis.
            J'encourageais mes amis.

Construct a drill of ten to twelve items.

6. Répondez en employant les réponses données:

Exemple: Qui nageait avec nous ? (mon ami)
           Mon ami nageait avec moi.

Construct a drill of eight to ten items.

TESTING

1. Mettez à l'imparfait:

Exemple: Je partage mon déjeuner avec Marie.
           Je **partageais** mon déjeuner avec Marie.

Construct a drill of ten to twelve items.

Use drills similar to Nos. 4 and 6 under "Teaching."

VERBS IN -CER

PRESENTATION

Nous commençons notre travail.
Je commençais la leçon de français.
Tu commençais la leçon de français.
Il commençait la leçon de français.
Je commençai la lecture.
Tu commenças la lecture.
Il commença la lecture.
Nous commençâmes la lecture.
Vous commençâtes la lecture.

Prepare similar drills for **placer** and its compounds, **effacer, s'efforcer, tracer**, and **avancer**.

TEACHING

Construct drills similar to those under "Verbs in **-ger**—Teaching."

TESTING

Construct drills similar to those under "Verbs in **-ger**—Testing."

VERBS IN -AYER, -OYER, -UYER

Essayez-vous d'apprendre ?	Oui, j'essaie d'apprendre.
Essaies-tu d'apprendre ?	Oui, j'essaie d'apprendre.
Marie essaie-t-elle d'apprendre ?	Oui, Marie essaie d'apprendre.
Les enfants essaient-ils d'apprendre ?	Oui, les enfants essaient d'apprendre.

Use the future and conditional of the same sentences to present those tenses.

Elle veut que j'essaie d'apprendre le français.
Elle veut que tu essaies d'apprendre le français.
Elle veut qu'il essaie d'apprendre le français.
Elle veut que nous essayions d'apprendre le français.
Elle veut que vous essayiez d'apprendre le français.
Elle veut qu'ils essaient d'apprendre le français.
Essaie d'apprendre cette leçon.
Qu'il essaie d'apprendre cette leçon.
Qu'ils essaient d'apprendre cette leçon.

Vous ennuyez-vous à l'école ?	Non, je ne m'ennuie pas à l'école.
T'ennuies-tu à l'école ?	Non, je ne m'ennuie pas à l'école.
S'ennuie-t-elle à l'école ?	Non, elle ne s'ennuie pas à l'école.
Les enfants s'ennuient-ils à l'école ?	Non, les enfants ne s'ennuient pas à l'école.

See **essayer** for the rest of the presentation of this verb. **Employer** may be presented in a similar manner.

TEACHING

Construct drills similar to those under "Verbs in -**eler** and -**eter**—Teaching." See also the "Presentation" drills above. Practice with the verbs **payer**, **balayer**, **nettoyer**, and **essuyer**.

TESTING

Construct drills similar to those under "Verbs in -**eler** and -**eter**—Testing."

VERBS THAT ADD A GRAVE ACCENT

PRESENTATION

Levez-vous, Jean.	Je me lève.
Levons-nous, Jean.	Nous nous levons.

Lève-toi, Marie.   Je me lève.
Te lèves-tu, Marie ?   Oui, je me lève.
Se lève-t-elle ?   Oui, elle se lève.
Marie et Jean se lèvent-ils ?   Oui, Marie et Jean se lèvent.
Marie et Jean, vous levez-vous ?   Oui, nous nous levons.

Te lèveras-tu à huit heures ?   Oui, je me lèverai à huit heures.
Se lèvera-t-il à huit heures ?   Oui, il se lèvera à huit heures.
Nous lèverons-nous à huit heures ?   Oui, vous vous lèverez à huit heures.
Vous lèverez-vous à huit heures ?   Oui, nous nous lèverons à huit heures.
Se lèveront-ils à huit heures ?   Oui, ils se lèveront à huit heures.

It is not necessary to construct a drill on the conditional. Telling the students
that, like the future, it has a grave accent throughout will suffice.

Maman veut que je me lève de bonne heure.
Maman veut que tu te lèves de bonne heure.
Maman veut qu'il se lève de bonne heure.
Maman veut que nous nous levions de bonne heure.
Maman veut que vous vous leviez de bonne heure.
Maman veut qu'ils se lèvent de bonne heure.

Lève-toi tout de suite.
Qu'il se lève tout de suite.
Levons-nous tout de suite.
Levez-vous tout de suite.
Qu'ils se lèvent tout de suite.

TEACHING

Construct drills similar to those under "Verbs in -**eler** and -**eter**—Teaching."
See also the "Presentation" drills above. Practice with **mener, acheter
geler, se promener,** and **achever.**

TESTING

Construct drills similar to those under "Verbs in -**eler** and -**eter**—Testing."

VERBS THAT CHANGE THE ACUTE ACCENT TO A GRAVE ACCENT

PRESENTATION

Est-ce que je répète la leçon ?   Oui, vous répétez la leçon.
Répètes-tu la leçon ?   Oui, je répète la leçon.

Nanette répète-t-elle la leçon ?	Oui, Nanette répète la leçon.
Nanette et Henriette répètent-elles la leçon.	Oui, Nanette et Henriette répètent la leçon.
Répétons-nous la leçon ?	Oui, vous répétez la leçon.
Répéterez-vous l'exercice ?	Oui, je répéterai l'exercice.
Répétera-t-il l'exercice ?	Oui, il répétera l'exercice.
Répéteras-tu l'exercice ?	Oui, je répéterai l'exercice.
Répéterons-nous l'exercice ?	Oui, vous répéterez l'exercice.
Étienne et Joseph répéteront-ils l'exercice ?	Oui, Étienne et Joseph répéteront l'exercice.

For the conditional, tell the students that it is like the future.

> Le professeur veut que je répète la réponse.
> Le professeur veut que tu répètes la réponse.
> Le professeur veut qu'il répète la réponse.
> Le professeur veut que nous répétions la réponse.
> Le professeur veut que vous répétiez la réponse.
> Le professeur veut qu'ils répètent la réponse.

> Répète la réponse.
> Qu'il répète la réponse.
> Répétons la réponse.
> Répétez la réponse.
> Qu'ils répètent la réponse.

TEACHING

Construct drills similar to those under "Verbs in **-eler** and **-eter**—Teaching." See also the "Presentation" drills above. Practice with **espérer**, **préférer**, and **célébrer**.

TESTING

Construct drills similar to those under "Verbs in **-eler** and **-eter**—Testing."

XXIII. PARTICIPLES

PRESENT PARTICIPLE

Forms

PRESENTATION

Nous marchons vite.	En marchant vite . . .
Nous parlons beaucoup.	En parlant beaucoup . . .
Nous travaillons toujours.	En travaillant toujours . . .
Nous chantons bien.	En chantant bien . . .
Nous finissons nos devoirs.	En finissant nos devoirs . . .
Nous remplissons les verres.	En remplissant les verres . . .
Nous punissons les enfants.	En punissant les enfants . . .
Nous obéissons à nos parents.	En obéissant à nos parents . . .
Nous perdons notre temps.	En perdant notre temps . . .
Nous vendons notre maison.	En vendant notre maison . . .
Nous rendons leur argent.	En rendant leur argent . . .
Nous répondons au professeur.	En répondant au professeur . . .
Nous allons à l'église.	En allant à l'église . . .
Nous venons à l'école.	En venant à l'école . . .
Nous faisons notre travail.	En faisant notre travail . . .
Nous lisons le journal.	En lisant le journal . . .

The irregular verbs whose present participle is not formed regularly must be presented and taught separately.

TEACHING

1. Faites l'exercice suivant selon l'exemple:

Exemple: Nous écoutons bien.
    En écoutant bien . . .

Construct a drill of eight to ten items, using only first conjugation verbs.

2. Faites l'exercice suivant selon l'exemple:

Exemple: Nous remplissons les assiettes.
            En remplissant les assiettes . . .

Construct a drill of eight to ten items, using only regular second conjugation verbs.

3. Faites l'exercice suivant selon l'exemple:

Exemple: Nous rendons leurs meubles.
            En rendant leurs meubles . . .

Construct a drill of eight to ten items, using only regular third conjugation verbs.

4. Faites l'exercice suivant selon l'exemple:

Exemple: Nous allons au cinéma.
            En allant au cinéma . . .

Construct a drill of eight to ten items, using only irregular verbs whose past participle is formed on the stem of the first person plural of the present indicative.

5. Faites l'exercice suivant selon l'exemple:

Exemple: Nous leur parlons.
            En leur **parlant** . . .

Construct a drill of ten to twelve items, utilizing verbs whose present participle is formed regularly and using one or two pronoun objects with each.

6. Faites l'exercice suivant selon l'exemple:

Exemple: Nous nous lavons.
            En nous **lavant** . . .

Construct a drill of ten to twelve items, using all reflexive verbs.

7. Do Exercises 1–6 in the negative.

TESTING

Use drills similar to 1–7 under "Teaching," but including all conjugations in the same drill, adding noun or pronoun objects, and utilizing reflexive as well as nonreflexive verbs.

Uses

PRESENTATION

With the meaning WHILE

Je suis tombé pendant que je marchais. | Je suis tombé en marchant.

Il a appris quelque chose pendant qu'il lisait. | Il a appris quelque chose en lisant.

Elle perdait son temps pendant qu'elle vous écoutait. | Elle perdait son temps en vous écoutant.

With the meaning BY

Nous avons réussi à force de travailler. | Nous avons réussi en travaillant.

Elle a possédé le français parce qu'elle a beaucoup pratiqué. | Elle a possédé le français en pratiquant beaucoup.

Ils sont arrivés à l'heure parce qu'ils se sont dépêchés. | Ils sont arrivés à l'heure en se dépêchant.

J'ai obtenu la solution du problème parce que je lui ai posé des questions. | J'ai obtenu la solution du problème en lui posant des questions.

As the equivalent of an absolute participial construction in English

Lisez les phrases. Ajoutez-y les adverbes donnés. | Lisez les phrases en y ajoutant les adverbes donnés.

Relisez la phrase. Remplacez le nom par le pronom convenable. | Relisez la phrase en remplaçant le nom par le pronom convenable.

Arrangez ces fleurs. Mettez les roses au centre. | Arrangez ces fleurs en mettant les roses au centre.

Conduisez lentement. Gardez la droite. | Conduisez lentement en gardant la droite.

Accrochez ces tableaux au mur. Mettez celui-ci à gauche. | Accrochez ces tableaux au mur en mettant celui-ci à gauche.

Croyant qu'il était seul, Jean a commencé à chanter.
Disant qu'il ne pouvait pas vous accompagner, mon copain est sorti.
Étant incapable de comprendre le problème, il a cessé de travailler.
Voulant le renseigner sur le sujet, il lui a prêté son livre.
Sachant que ce qu'il disait était impossible, il n'a pas insisté.

As replacement for a relative clause

Nous l'avons vu qui parlait à sa mère.	Nous l'avons vu parlant à sa mère.
Ils l'ont entendu qui chantait cet air d'opéra.	Ils l'ont entendu chantant cet air d'opéra.
Les avez-vous regardés qui couraient ?	Les avez-vous regardés courant ?
L'as-tu écouté qui récitait ?	L'as-tu écouté récitant ?

As an adjective

Voici une activité fatigante.
Voilà une histoire dégoûtante.
La lumière tremblante éclairait la chambre.
La petite fille riante jouait avec sa poupée.
Les femmes souriantes regardaient leurs voisines.

TEACHING

With the meaning WHILE

1. Dites à un ami:

Exemple: . . . que vous êtes tombé en sortant.
Je suis tombé en sortant.

Construct a drill of twelve to fourteen items.

2. Remplacez la phrase qui commence par **pendant que** par **en** et le participe présent:

Exemple: Je suis tombé pendant que je marchais.
Je suis tombé **en marchant**.

Construct a drill of eight to ten items.

With the meaning BY

3. Dites à quelqu'un:

Exemple: . . . que vous êtes devenu riche en travaillant.
Je suis devenu riche en travaillant.

Construct a drill of eight to ten items.

4. Répondez en utilisant la réponse donnée:

Exemple: Comment avez-vous appris à épeler ? (en écrivant beaucoup)
            J'ai appris à épeler en écrivant beaucoup.

Construct a drill of eight to ten items.

5. Joignez les deux phrases par **en** et faites tout changement nécessaire:

Exemple: Nous avons réussi. Nous avons travaillé.
            Nous avons réussi **en travaillant.**

Construct a drill of eight to ten items.

As the equivalent of an absolute construction in English

6. Dites à quelqu'un de:

Exemple: . . . lire les phrases en y ajoutant les mots donnés.
            Lisez les phrases en y ajoutant les mots donnés.

Construct a drill of eight to ten items.

7. Joignez les deux phrases en employant **en** et le participe présent:

Exemple: Refaites l'exercice. Mettez le verbe au pluriel.
            Refaites l'exercice **en mettant** le verbe au pluriel.

Construct a drill of ten to twelve items.

8. Joignez les deux phrases:

Exemple: Il a cru qu'il était seul. Il a commencé à chanter.
            Croyant qu'il était seul, il a commencé à chanter.

Construct a drill of ten to twelve items.

9. Répondez en employant les réponses données:

Exemple: Pourquoi ne vous a-t-il pas accompagnés ? Il était fatigué.
            Étant fatigué, il ne nous a pas accompagnés.

Construct a drill of ten to twelve items.

As replacement for a relative clause

10. Remplacez la proposition relative par le participe présent:

Exemple: Nous l'avons vu qui parlait.
            Nous l'avons vu **parlant.**

Construct a drill of ten to twelve items.

11. Répondez en employant la réponse donnée:

Exemple: Que faisaient-ils quand vous les avez vus? Ils couraient.
Je les ai vus **courant**.

Construct a drill of ten to twelve items.

12. Faites l'exercice suivant selon l'exemple:

Exemple: Je l'ai entendu jouer de la musique moderne.
Je l'ai entendu **jouant** de la musique moderne.

Construct a drill of eight to ten items.

13. Répondez à l'affirmatif:

Exemple: M'avez-vous vu parlant avec Hélène?
Oui, je vous ai vu parlant avec Hélène.

Construct a drill of ten to twelve items.

See also No. 15 below.

As an adjective

14. Faites l'exercice suivant selon l'exemple:

Exemple: Cette activité fatigue.
C'est une activité fatigante.

Construct a drill of ten to twelve items.

15. Remplacez la proposition relative par un participe présent:

Exemple: Voilà une jeune fille qui rit.
Voilà une jeune fille **riante**.

Construct a drill of eight to ten items.

TESTING

1. Remplacez par le participe présent toutes les constructions qu'il est possible de remplacer:

Exemples: Il lisait pendant qu'il attendait.
Il lisait **en attendant**.

Relisez la phrase. Mettez l'adjectif donné à sa place convenable.
Relisez la phrase **en mettant** l'adjectif donné à sa place
convenable.

Construct a drill of eight to ten items.
Use also drills similar to those under "Teaching."

PAST PARTICIPLE

Forms

See "The Perfect Tense—Verbs Conjugated with **Avoir**—Presentation."

Uses

In the formation of the compound tenses

See "The Perfect Tense," "The Pluperfect," "The Future Perfect," and "The Conditional—The Conditional Perfect."

As adjective

PRESENTATION

Jean est fatigué.	Marie est fatiguée.
Le discours est achevé.	La pièce est achevée.
Le livre est écrit.	La lettre est écrite.
Le bâtiment est déjà construit.	La maison est déjà construite.
Les garçons sont fatigués.	Les jeunes filles sont fatiguées.
Les discours sont achevés.	Les pièces sont achevées.
Les livres sont écrits.	Les lettres sont écrites.
Les bâtiments sont déjà construits.	Les maisons sont déjà construites.
Voici un enfant gâté.	Voici des enfants gâtés.
Connaissez-vous cette jeune fille mal élevée ?	Connaissez-vous ces jeunes filles mal élevées ?
J'ai rencontré un voyageur fatigué.	J'ai rencontré des voyageurs fatigués.
Voilà une pièce mal attachée.	Voilà des pièces mal attachées.

TEACHING

See "Adjectives—Agreement—Teaching."

TESTING

See "Adjectives—Agreement—Testing."

PERFECT PARTICIPLE

Forms

PRESENTATION

Verbs conjugated with AVOIR

J'ai parlé. Je suis sorti.	Après avoir parlé, je suis sorti.
J'ai écouté. Je suis sorti.	Après avoir écouté, je suis sorti.
J'ai lu. Je suis sorti.	Après avoir lu, je suis sorti.
Il a mangé. Il a téléphoné.	Après avoir mangé, il a téléphoné.
Elle a étudié. Elle a fait l'exercice.	Après avoir étudié, elle a fait l'exercice.

On l'a accusé d'avoir trahi sa patrie.

Ils avaient fait cela avant d'avoir reçu les nouvelles.

Il a été interrompu avant d'avoir fini sa phrase.

Il a accepté l'invitation avant de l'avoir reçue* officiellement.

Il a été condamné pour avoir dit cela.

Il a été mis en prison pour avoir volé un pain.

Verbs conjugated with ÊTRE

Elle est arrivée. Elle a fait ses projets pour l'avenir.	Après être arrivée, elle a fait ses projets pour l'avenir.
Nous sommes entrés. Nous avons ôté nos chapeaux.	Après être entrés, nous avons ôté nos chapeaux.
Elles sont sorties. Elles sont montées dans la voiture.	Après être sorties, elles sont montées dans la voiture.
Marie et Jean sont revenus de France. Ils nous ont montré des diapositives.	Après être revenus de France, Marie et Jean nous ont montré des diapositives.

Continue as long as necessary.

Construct a drill similar to the second one under "Verbs Conjugated with **Avoir**" to illustrate the use of the perfect participle after other adverbial prepositions.

Reflexive verbs

Elle s'est assise. Elle a commencé à parler.	Après s'être assise, elle a commencé à parler.

---

* For agreement of the past participle, see "The Perfect tense—Agreement of the Past Participle."

Nous nous sommes lavés. Nous   Après nous être lavés, nous sommes
sommes descendus à la cuisine.   descendus à la cuisine.
Les enfants se sont habillés. Ils ont   Après s'être habillés, les enfants ont
pris le petit déjeuner.   pris le petit déjeuner.
Continue as long as necessary.

TEACHING

Verbs conjugated with AVOIR

1. Faites l'exercice suivant selon l'exemple:

Exemple: Il a regardé la télévision.
            Après avoir regardé la télévision . . .

Construct a drill of ten to twelve items.

2. Dites à quelqu'un:

Exemple: . . . qu'après avoir fait vos devoirs vous êtes sorti.
            Après avoir fait mes devoirs, je suis sorti.

Construct a drill of ten to twelve items.

3. Demandez à quelqu'un:

Exemple: . . . s'il est parti après avoir fait ses devoirs.
            Êtes-vous parti après avoir fait vos devoirs?

Construct a drill of ten to twelve items.

4. Joignez les deux phrases en employant le participe passé composé précédé
d'après:

Exemple: J'ai parlé. Je suis sorti.
            Après avoir parlé, je suis sorti.

Construct a drill of ten to twelve items, utilizing only verbs conjugated with
avoir.

5. Dites à quelqu'un:

Exemple: . . . que vous aviez fait cela avant d'avoir reçu les nouvelles.
            J'avais fait cela avant d'avoir reçu les nouvelles.

Construct a drill of eight to ten items.

6. Joignez les deux phrases en employant la préposition donnée:

Exemple: On l'a accusé. Il a trahi sa patrie. (de)
            On l'a accusé **d'avoir trahi** sa patrie.

Construct a drill of ten to twelve items.

Verbs conjugated with ÊTRE

Construct drills similar to Nos. 1–6 under "Verbs Conjugated with **Avoir**—Teaching."

Reflexive verbs

Construct drills similar to Nos. 1–6 under "Verbs Conjugated with **Avoir**—Teaching."

TESTING

Construct drills similar to those under "Teaching," taking care to include as many aspects of the subject as possible in each drill and avoiding the maintenance of a sequence for any aspect.

XXIV. THE PARTITIVE CONSTRUCTION

IN AFFIRMATIVE AND INTERROGATIVE SENTENCES

PRESENTATION

In presenting this structure, it is well to have the following visual aids in the form of actual objects or pictures:

paper

white liquid to simulate milk

dark brown liquid to simulate coffee

water

chalk

cream carton with thick white liquid to simulate cream

ink

several pieces of money

After these items have been placed on the desk, use the following basic sentences and carry out the actions indicated by them in order to illustrate the structure:

> Je prends du papier.
> Je prends du lait.
> Je prends du café.
> Je prends de la craie.
> Je prends de la crème.
> Je prends de l'eau.
> Je prends de l'encre.
> Je prends de l'argent.

Then, ask the following questions, and require the students to answer affirmatively:

Prenez-vous du papier ?

Prenez-vous du lait ?

Prenez-vous du café ?

Prenez-vous de la craie ?

Prenez-vous de la crème ?

Oui, je prends du papier.

Oui, je prends du lait.

Oui, je prends du dafé.

Oui, je prends de la craie.

Oui, je prends de la crème.

Prenez-vous de l'eau ?	Oui, je prends de l'eau.
Prenez-vous de l'encre ?	Oui, je prends de l'endre.
Prenez-vous de l'argent ?	Oui, je prends de l'argent.

For variation, it is possible to have the following sequence:

Marie, prenez-vous du papier ?	Oui, je prends du papier.
Marie prend-elle du papier ?	Oui, Marie prend du papier.
Jean, prenez-vous du lait ?	Oui, je prends du lait.

Continue as long as necessary.

TEACHING

1. Remplacez **lait** par les mots donnés:

Exemple: Nous prenons du lait.
—— —— — beurre.
Nous prenons du **beurre**.

Construct a drill of twelve to fourteen items.

2. Dites à quelqu'un:

Exemple: . . . que vous cherchez du papier.
Je cherche du papier.

Construct a drill of eight to ten items.

3. Répondez à l'affirmatif:

Exemple: Cherchez-vous de l'argent ?
Oui, je cherche de l'argent.

Construct a drill of ten to twelve items.

4. Demandez à quelqu'un:

Exemple: . . . s'il a de l'encre.
Avez-vous de l'encre ?

Construct a drill of eight to ten items.

5. Répondez en employant la réponse donnée:

Exemple: Que voulez-vous ? (beurre)
Je veux du beurre.

Construct a drill of eight to ten items.

6. Remplacez l'article défini par l'article partitif:

Exemple: J'ai acheté le lait.
             J'ai acheté **du** lait.

Construct a drill of ten to twelve items.

TESTING

Construct drills similar to those under "Teaching," avoiding the maintenance of a sequence in gender, and using as many different tenses as possible. Be sure to include as many of the words that the students have learned as possible.

WHEN THE NOUN IS PRECEDED BY AN ADJECTIVE

PRESENTATION

Voici du bon fromage.
Voici du bon beurre.
Voici du bon papier.
Voici du bon pain.
Voici du mauvais café.
Voici de la mauvaise craie.
Voici de la mauvaise eau.
Voici de la bonne encre.
Voici de la bonne crème.

TEACHING

1. Remplacez **pain** par les mots donnés:

Exemple: Voici du bon pain.
            —— — — beurre.
            Voici du bon **beurre**.

Construct a drill of eight to ten items.

2. Dites à quelqu'un:

Exemple: . . . qu'il y a du bon fromage sur la table.
            Il y a du bon fromage sur la table.

Construct a drill of eight to ten items.

3. Demandez à quelqu'un:

Exemple: . . . s'il y a de la bonne crème ici.
Y a-t-il de la bonne crème ici?

Construct a drill of eight to ten items.

4. Répondez en employant la réponse donnée:

Exemple: Que voulez-vous? (du bon lait)
Je veux du bon lait.

Construct a drill of eight to ten items.

5. Mettez l'adjectif à la place convenable:

Exemple: Avez-vous du gâteau? (bon)
Avez-vous du bon gâteau?

Construct a drill of eight to ten items.

TESTING

Construct drills similar to Nos. 2–5 under "Teaching," avoiding the maintenance of a sequence in gender. If the class has had the plural of the indefinite article with adjectives, include sentences dealing with it.

AFTER A NEGATION*

PRESENTATION

In presenting the partitive after a negation, use the following questions and answers. Utilize the visual aids employed for the presentation of the same subject with affirmative sentences. Ask the question, shake your head (or make some other negative gesture), say the answer, and have individual students repeat it.

Prenez-vous du papier?	Non, je ne prends pas de papier.
Prenez-vous du lait?	Non, je ne prends pas de lait.
Prenez-vous du café?	Non, je ne prends pas de café.
Prenez-vous de la craie?	Non, je ne prends pas de craie.
Prenez-vous de la crème?	Non, je ne prends pas de crème.
Prenez-vous de l'eau?	Non, je ne prends pas d'eau.
Prenez-vous de l'encre?	Non, je ne prends pas d'encre.
Prenez-vous de l'argent?	Non, je ne prends pas d'argent.

---

* *See also* "Articles—Indefinite Article" for the use of **de** after a negation.

TEACHING

1. Remplacez **fromage** par les mots donnés:
Exemple: Nous n'achetons pas de fromage.
—— ———— — — crème.
Nous n'achetons pas de **crème**.
Construct a drill of ten to twelve items.

2. Dites à quelqu'un:
Exemple: . . . que vous n'avez pas vu de craie.
Je n'ai pas vu de craie.
Construct a drill of ten to twelve items.

3. Répondez en employant la réponse donnée:
Exemple: Qui ne veut pas de fromage ? (Jean)
Jean ne veut pas de fromage.
Construct a drill of eight to ten items.

4. Demandez à quelqu'un:
Exemple: . . . s'il n'a pas mangé de pain.
N'avez-vous **pas** mangé de pain ?
Construct a drill of eight to ten items.

6. Remplacez l'article défini par l'article partitif:
Exemple: Je n'ai pas l'encre.
Je n'ai pas **d'**encre.
Construct a drill of eight to ten items.

7. Répondez au négatif:
Exemple: Voulez-vous du pain ?
Non, je ne veux pas de pain.
Construct a drill of ten to twelve items.

TESTING

Use drills similar to those under "Teaching," avoiding the maintenance of pattern sequences, and utilizing as many different tenses and as great a variety of vocabulary as possible.

If both the partitive and the plural of the indefinite article have been taught as the "expression of **some** or **any** in French," the testing drill should contain plural nouns as well.

THE PARTITIVE PRONOUN EN

Indicating **some** or **any**

PRESENTATION

Nous voulons du sucre.	Nous en voulons.
Nous voulons du gâteau.	Nous en voulons.
Elle prend du café au lait.	Elle en prend.
Elle achète de la crème.	Elle en achète.
Je veux de l'eau.	J'en veux.
Il a des problèmes.	Il en a.
Tu as pris des oranges.	Tu en as pris.
Vous avez entendu de la musique.	Vous en avez entendu.

If it is found necessary to use a second "presentation" with interrogative sentences in order to show the position of **en**, the following sentences may be used:

Voulez-vous du sucre ?	En voulez-vous ?
A-t-il du gâteau ?	En a-t-il ?
Prend-elle du café au lait ?	En prend-elle ?
Ont-ils des problèmes ?	En ont-ils ?
As-tu pris des oranges ?	En as-tu pris ?
Avez-vous entendu de la musique moderne ?	En avez-vous entendu ?
Y a-t-il de l'eau sur la table ?	Y en a-t-il ?

TEACHING

1. Répondez à l'affirmatif:

Exemple: En goûtez-vous ?
   Oui, j'en goûte.

Construct a drill of ten to twelve items.

2. Dites à quelqu'un:

Exemple: . . . que vous en voulez.
   J'en veux.

Construct a drill of ten to twelve items.

3. Demandez à quelqu'un:

Exemple: . . . s'il en a acheté.

En avéz-vous acheté?

Construct a drill of ten to twelve items.

4. Remplacez **du, de la, de l'** ou **des** et le nom qui suit par le pronom partitif **en**:

Exemple: Je vois de la confiture.

J'en vois.

Construct a drill of twelve to fourteen items. Do not confuse the partitive **en** (**some** or **any**) with the **en** that means **of it**.

5. Répondez à l'affirmatif en remplaçant **du, de la, de l'** ou **des** et le nom qui suit par le pronom partitif **en**:

Exemple: Verse-t-il du café?

Oui, il en verse.

Construct a drill of ten to twelve items.

6. Répondez au négatif en remplaçant **du, de la, de l'** ou **des** et le nom qui suit par le pronom partitif **en**:

Exemple: Verse-t-elle du café?

Non, elle n'en verse pas.

Construct a drill of ten to twelve items.

TESTING

Construct drills similar to Nos. 4–6 under "Teaching," avoiding the maintenance of a sequence in gender and number. Use as many different tenses as possible, with a large variety of vocabulary. If the position of multiple pronoun objects has been learned, combine **en** with other pronouns, employing it as the object of infinitives and affirmative and negative imperatives. Avoid confusion with **en** meaning **of it** and **from there**.

Redundant Use of **En**

PRESENTATION

Avez-vous de l'encre?	Oui, j'en ai beaucoup.
Mettras-tu de la crème dans la tasse?	Oui, j'en mettrai beaucoup.
Trouvez-vous de la poussière sur les livres?	Oui, j'en trouve trop.

Avez-vous de l'argent ?	Oui, j'en ai un peu.
Vend-il du sucre ?	Oui, il en vend une grande quantité.
Reste-t-il encore des oranges ?	Oui, il en reste quelques-unes.
Recevrez-vous des cadeaux ?	Oui, j'en recevrai assez.
Fournira-t-on des crayons ?	Oui, on en fournira beaucoup.
Avez-vous de l'encre ?	Oui, j'en ai de la bleue.
Reste-t-il encore des oranges ?	Oui, il en reste de grosses.
Recevrez-vous des cadeaux ?	Oui, j'en recevrai de beaux.
Fournira-t-on des crayons ?	Oui, on en fournira de bons.

TEACHING

1. Dites à quelqu'un:

Exemple: . . . qu'il y en a beaucoup.
  Il y en a beaucoup.

Construct a drill of eight to ten items.

2. Demandez à quelqu'un:

Exemple: . . . s'il en achètera assez.
  En achèterez-vous assez ?

Construct a drill of eight to ten items.

3. Répondez selon l'exemple:

Exemple: Mangiez-vous du pain ? (beaucoup)
  Oui, j'en mangeais beaucoup.

Construct a drill of ten to twelve items.

4. Répondez selon l'exemple:

Exemple: Met-elle assez de sel dans la soupe ?
  Non, elle n'en met pas assez dans la soupe.

Construct a drill of ten to twelve items.

5. Repeat No. 4 in the affirmative.

6. Faites l'exercice suivant selon l'exemple:

Exemple: Pourquoi ne prenez-vous pas d'eau ?
  Parce que je n'en veux pas.

Construct a drill of ten to twelve items.

For practice with adjectives, use drills similar to Nos. 1–5, substituting adjectives for expressions of quantity.

TESTING

Use drills similar to Nos. 3–5, under "Teaching," avoiding the maintenance of a sequence, mixing adjectives with expressions of quantity, affirmative sentences with negatives and interrogatives, and the present with other tenses; and employing **en** as the object of an infinitive as well as of a finite verb.

XXV. THE PASSIVE VOICE

PRESENTATION

In secondary school, the following sentences may be used accompanied by appropriate actions. For instance, the teacher may ask John to give him a book before saying **Jean m'a donné le livre**. Then, he may say **Le livre m'a été donné par Jean**. The next action may be for the teacher to ask John to give the book to his neighbor and have the neighbor repeat **Jean m'a donné le livre** and **Le livre m'a été donné par Jean**. This should continue until masculine and feminine, singular and plural nouns have been used as subjects of the passive verb.

At the college level, if the instructor prefers, sentences of a more abstract nature with a cultural content may be utilized.

Jean m'a donné le livre.
Marie a ouvert le livre.
L'étudiant a ouvert la fenêtre.

L'élève a écrit cette composition.

Jean et Marie ont écrit les phrases au tableau.
Henri a ouvert les fenêtres.

La classe a compris les explications.

Alice a mis les cahiers sur la table.

Le directeur a envoyé ces livres.

Le livre m'a été donné par Jean.
Le livre a été ouvert par Marie.
La fenêtre a été ouverte par l'étudiant.
Cette composition a été écrite par l'élève.
Les phrases ont été écrites au tableau par Jean et Marie.
Les fenêtres ont été ouvertes par Henri.
Les explications ont été comprises par la classe.
Les cahiers ont été mis sur la table par Alice.
Ces livres ont été envoyés par le directeur.

Continue as long as necessary.

TEACHING

1. Dites à quelqu'un:

Exemple: . . . que l'explication a été comprise par la classe.
L'explication a été comprise par la classe.

Construct a drill of ten to twelve items.

2. Demandez à quelqu'un:

Exemple: . . . s'il a été loué par le professeur.
Avez-vous été loué par le professeur?

Construct a drill of ten to twelve items.

3. Mettez à la voix passive:

Exemple: Mon frère a fait cette boîte.
Cette boîte a été faite par mon frère.

Construct a drill of ten to twelve items.

4. Faites l'exercice suivant selon l'exemple:

Exemple: Mes tantes m'ont envoyé cette peinture.
Cette peinture vous a-t-elle été envoyée par vos tantes?

Construct a drill of ten to twelve items.

5. Répondez à l'affirmatif:

Exemple: Ce conte a-t-il été écrit par Guy de Maupassant?
Oui, ce conte a été écrit par Guy de Maupassant.

Use the sentences of No. 4.

6. Répondez au négatif:

Exemple: Ce conte a-t-il été écrit par Guy de Maupassant?
Non, ce conte n'a pas été écrit par Guy de Maupassant.

Use the sentences in No. 4.

7. Mettez à la voix passive:

Exemple: On a construit cette maison l'année dernière.
Cette maison a été construite l'année dernière.

Construct a drill of ten to twelve items.

8. Do Nos. 1–6 in the pluperfect, future perfect, and conditional perfect tenses.

TESTING

Use drills similar to Nos. 1–7 under "Teaching," avoiding the maintenance of a sequence in gender and number and making certain that all compound tenses are used in the same drill. Use a varied vocabulary.

XXVI. THE PAST DEFINITE

PRESENTATION

For a lively presentation of forms, it may be well to pretend that Henry has been to a dance the night before. To bring out the situation, ask Henry, **Êtes-vous allé au bal hier soir**? Then, by nodding affirmatively, encourage him to answer, **Oui, je suis allé au bal hier soir**. Ask, **Avez-vous dansé**? Again, encourage an affirmative answer. Then say, **Henri dansa hier soir**. With this as a starting point, use the following sentences, and have the class repeat them:

Henri dansa hier soir.
Henri et son amie dansèrent hier soir.
Henri, vous dansâtes hier soir.
Moi, je dansai aussi hier soir.
Moi et mon mari (ma femme) nous dansâmes hier soir.
Jeanne, toi aussi, tu dansas hier soir.

Je choisis un cours.
Mon ami et moi nous choisîmes un cours.
Vous choisîtes un cours.
Tu choisi un cours.
Suzanne choisit un cours.
Suzanne et Marthe choisirent un cours.

Je perdis les gants.
Nous perdîmes les gants.
Vous perdîtes les gants.
Tu perdis les gants.
Elle perdit les gants.
Elles perdirent les gants.

TEACHING

1. Remplacez **parlèrent** par la forme convenable du même verbe:

Exemple: Ils parlèrent longtemps.
          Tu ——— ———.
          Tu parlas longtemps.

Construct a drill of six to eight items.

2. Mettez à l'interrogatif:

Exemple: Son règne dura longtemps.
          Son règne dura-t-il longtemps?

Construct a drill of eight to ten items.

3. Do the same exercise in the negative.

4. Mettez le verbe singulier au pluriel et le pluriel au singulier:

Exemple: Vous achetâtes des cadeaux.
          Tu achetas des cadeaux.

Construct a drill of eight to ten items.

5. Répondez à l'affirmatif:

Exemple: Parla-t-il aux invités?
          Oui, il parla aux invités.

Construct a drill of six to eight items.

6. Do the same exercise in the negative.

7. Mettez au passé simple:

Exemple: Je marchais vite.
          Je marchai vite.

Construct a drill of twelve to fourteen items.

8. If desired, the "Dites à quelqu'un" and "Demandez à quelqu'un" type of exercise may also be used.

9. Construct drills similar to Nos. 1–5 for the second and third conjugation verbs and for any others that need intensive drilling.

TESTING

Construct drills similar to Nos. 2–7, under "Teaching," using all three conjugations in the same drill. Whenever the situation permits, use negative and interrogative, as well as affirmative, sentences.

XXVII. THE PERFECT TENSE

FORMS*

Verbs Conjugated with avoir

PRESENTATION

For a vivid presentation, walk toward the window, and say, **Je marche vers la fenêtre**. Return to your original place, and say, **J'ai marché vers la fenêtre**. Repeat the series if necessary in order to communicate the idea of the present and past. Proceed with the following presentation, using students to carry out the action:

Je marche vers la fenêtre.	J'ai marché vers la fenêtre.
Jean et moi nous marchons vers la fenêtre.	Jean et moi nous avons marché vers la fenêtre.
Marie marche vers la fenêtre.	Marie a marché vers la fenêtre.
Marie et Anne marchent vers la fenêtre.	Marie et Anne ont marché vers la fenêtre.
Henri, tu marches vers la fenêtre.	Henri, tu as marché vers la fenêtre.
Henri et Robert, vous marchez vers la fenêtre.	Henri et Robert, vous avez marché vers la fenêtre.

A three-step presentation is also possible by first saying to the student, **Marie, marchez vers la fenêtre**, having the student carry out the action and say, **Je marche vers la fenêtre**, and the teacher concluding with **Marie a marché vers la fenêtre**.

Students generally find it easy to understand the formation of the past participle. If a separate drill is necessary, use the following:

marcher	marché
parler	parlé
danser	dansé

---

* For interrogative and negative forms, see "Interrogation" and "Negation."

écouter   écouté
répéter   répété
accepter   accepté

With the first conjugation learned, the second and third should present no problem.

Je finis la leçon maintenant.   J'ai fini la leçon ce matin.
Tu finis la leçon maintenant.   Tu as fini la leçon ce matin.
Il finit la leçon maintenant.   Il a fini la leçon ce matin.
Nous finissons la leçon maintenant. Nous avons fini la leçon ce matin.
Vous finissez la leçon maintenant.   Vous avez fini la leçon ce matin.
Ils finissent la leçon maintenant.   Ils ont fini la leçon ce matin.

J'entends de la musique maintenant.   J'ai entendu de la musique hier.
Tu entends de la musique maintenant.   Tu as entendu de la musique hier.
Il entend de la musique maintenant.   Il a entendu de la musique hier.
Nous entendons de la musique   Nous avons entendu de la musique
  maintenant.   hier.
Vous entendez de la musique   Vous avez entendu de la musique
  maintenant.   hier.
Ils entendent de la musique   Ils ont entendu de la musique hier.
  maintenant.

TEACHING

1. Remplacez **avons** par la forme convenable du même verbe:
Exemple: Nous avons écouté de la musique.
           Elle — ———— — — ————.
           Elle a écouté de la musique.
Construct a drill of six to eight items.

2. Mettez le verbe singulier au pluriel et le pluriel au singulier:
Exemple: Elles ont dansé toute la soirée.
           Elle a dansé toute la soirée.
Construct a drill of eight to ten items.

3. Dites à quelqu'un:
Exemple: . . . que vous avez répété la leçon.
           J'ai répété la leçon.
Construct a drill of ten to twelve items, using as many different verbs of the first conjugation as possible.

4. Demandez à quelqu'un:

Exemple: . . . s'il a parlé au professeur.
             Avez-vous parlé au professeur?

Construct a drill of ten to twelve items, using as many different verbs of the first conjugation as possible.

5. Répondez à l'affirmatif:

Exemples: Avez-vous travaillé pendant toute la journée?
             Oui, j'ai travaillé pendant toute la journée.

             Vos amis ont-ils trouvé de bons cours?
             Oui, mes amis ont trouvé de bons cours.

Construct a drill of ten to twelve items, using as many different verbs of the first conjugation as possible.

6. Répondez au négatif:

Exemple: Vos camarades ont-ils préparé leur examen?
             Non, mes amis n'ont pas préparé leur examen.

Construct a drill of ten to twelve items, using as many different verbs of the first conjugation as possible.

7. Mettez au passé composé:

Exemple: Je parle lentement.
             J'ai parlé lentement.

Construct a drill of fourteen to sixteen items, using the future, conditional, and the imperfect, as well as the present, tense in the stimulus sentence.

8. Construct a drill similar to No. 7, using negative sentences.

9. Mettez au présent:

Exemple: Les enfants ont accepté des cadeaux.
             Les enfants **acceptent** des cadeaux.

Construct a drill of eight to ten items.

10. Faites l'exercice suivant selon l'exemple:

Exemple: Pourquoi n'étudie-t-il pas?
             Parce qu'il a déjà étudié.

11. Construct drills similar to Nos. 1–10 for the second and third conjugations and also for irregular verbs.

TESTING

Construct drills similar to those under "Teaching," using all three conjugations in any one drill. If irregular verbs have also been studied, include them with the regular ones.

Verbs Conjugated with **être**

PRESENTATION

See directions under "Verbs Conjugated with **Avoir**—Presentation."

Jean entre dans la salle de classe.	Jean est entré dans la salle de classe.
Jacques et Robert entrent dans la salle de classe.	Jacques et Robert sont entrés dans la salle de classe.
Marie entre dans la salle de classe.	Marie est entrée dans la salle de classe.
Marie et Jeanne entrent dans la salle de classe.	Marie et Jeanne sont entrées dans la salle de classe.
Marie, Jeanne et Jacques entrent dans la salle de classe.	Marie, Jeanne et Jacques sont entrés dans la salle de classe.
Joseph, tu entres dans la salle de classe.	Joseph, tu es entré dans la salle de classe.
Marie et Joseph, vous entrez dans la salle de classe.	Marie et Joseph, vous êtes entrés dans la salle de classe.
Alice et Anne, vous entrez dans la salle de classe.	Alice et Anne, vous êtes entrées dans la salle de classe.
Nanette et Étienne, vous entrez dans la salle de classe.	Nanette et Étienne, vous êtes entrés dans la salle de classe.
J'entre dans la salle de classe.	Je suis entré(e) dans la salle de classe.
Hélène et moi, nous entrons dans la salle de classe.	Hélène et moi, nous sommes entré(e)s dans la salle de classe.

TEACHING

Construct drills similar to Nos. 1–11, under "Verbs Conjugated with **Avoir**—Teaching."

TESTING

See note under "Verbs Conjugated with **Avoir**—Testing."

Reflexive Verbs

PRESENTATION

See directions under "Verbs Conjugated with **Avoir**—Presentation."

Je me lève tout de suite.	Je me suis levé(e) tout de suite.
Tu te lèves tout de suite.	Tu t'es levé(e) tout de suite.
Il se lève tout de suite.	Il s'est levé tout de suite.
Elle se lève tout de suite.	Elle s'est levée tout de suite.
Nous nous levons tout de suite.	Nous nous sommes levé(e)s tout de suite.
Vous vous levez tout de suite.	Vous vous êtes levé(e)(s)(es) tout de suite.
Ils se lèvent tout de suite.	Ils se sont levés tout de suite.
Elles se lèvent tout de suite.	Elles se sont levées tout de suite.

Teachers who wish to avoid **se lever** because of the grave accent may use **se laver**, **se dépêcher**, or **se presser**.

TEACHING

Construct drills similar to Nos. 1–11, under "Verbs Conjugated with **Avoir**—Teaching."

TESTING

See note under "Verbs Conjugated with **Avoir**—Testing."

AGREEMENT OF THE PAST PARTICIPLE*

Verbs Conjugated with **Avoir**

PRESENTATION

J'ai regardé le tableau.	Voici le tableau que j'ai regardé.
J'ai regardé la carte.	Voici la carte que j'ai regardée.
Nous avons vu la dame.	Voici la dame que nous avons vue.
Il a vu les jeunes filles.	Voici les jeunes filles qu'il a vues.
Elle a acheté les robes.	Voici les robes qu'elle a achetées.
Ils ont écrit les lettres.	Voici les lettres qu'ils ont écrites.
Elles ont reçu les cadeaux.	Voici les cadeaux qu'elles ont reçus.

---

* See also "The Pluperfect Tense," "The Future Perfect Tense," and "The Conditional Tense."

J'ai traduit les livres.

Voici les livres que j'ai traduits.

J'ai conduit les hommes à la gare.

Voici les hommes que j'ai conduits à la gare.

Avez-vous trouvé votre argent?

Oui, je l'ai trouvé.

Avez-vous lu cette pièce?

Oui, je l'ai lue.

A-t-elle pris la gomme?

Oui, elle l'a prise.

Ont-ils compris la conférence?

Oui, ils l'ont comprise.

As-tu écrit les lettres?

Oui, je les ai écrites.

Avait-il écouté les disques?

Oui, il les avait écoutés.

Auront-elles rencontré les hommes?

Oui, elles les auront rencontrés.

Nous avons cherché l'enfant.

Quel enfant avez-vous cherché?

J'ai pris la fourchette.

Quelle fourchette avez vous prise?

Nous avons traduit la pièce.

Quelle pièce avez-vous traduite?

Elle a rencontré les garçons.

Quels garçons a-t-elle rencontrés?

Il a pris les cahiers.

Quels cahiers a-t-il pris?

Nous avons promis les notes.

Quelles notes avez-vous promises?

Vous avez mis les fleurs sur la table.

Quelles fleurs avez-vous mises sur la table?

Nous avons parlé à Jean.

Nous lui avons parlé.

Nous avons parlé à Marie.

Nous lui avons parlé.

Elle a rendu la serviette à Jeanne.

Elle lui a rendu la serviette.

J'ai envoyé les gants à mes cousins.

Je leur ai envoyé les gants.

Tu as dit les nouvelles à tes tantes.

Tu leur as dit les nouvelles.

J'ai mis du sel dans la soupe.

J'en ai mis dans la soupe.

Nous avons acheté des pommes.

Nous en avons acheté.

Elle a pris des carottes.

Elle en a pris.

Ils ont invité des garçons.

Ils en ont invité.

In a strictly audio-lingual situation, use sentences involving the past participles of **écrire, faire, traduire, mettre, permettre, promettre, prendre, comprendre,** and of other verbs whose past participle ends in a consonant.

TEACHING

1. Remplacez **écoutés** par les mots donnés en faisant l'accord nécessaire:

Exemple: Voici les disques que j'ai écoutés.

—— — —— — — acheté.

Voici les disques que j'ai **achetés.**

Construct a drill of eight to ten items.

2. Remplacez **jeunes filles** par les mots donnés en faisant tout autre changement nécessaire:

Exemple: Voici les jeunes filles qu'il a vues.

———— — garçons ———— — —.

Voici les **garçons** qu'il a **vus**.

Construct a drill of eight to ten items.

3. Dites à quelqu'un:

Exemple: . . . que vous avez lu la pièce qu'il a écrite.

J'ai lu la pièce que vous avez écrite.

Construct a drill of ten to twelve items.

4. Demandez à quelqu'un:

Exemple: . . . si son frère aime les cadeaux qu'il a reçus.

Votre frère aime-t-il les cadeaux qu'il a reçus ?

Construct a drill of ten to twelve items, using sentences with noun as well as pronoun subjects.

5. Faites l'exercice suivant selon l'exemple:

Exemple: J'ai rencontré les garçons.

Voici les garçons que j'ai rencontrés.

Construct a drill of fourteen to sixteen items, using both genders and numbers, past participles ending in vowels, and past participles ending in consonants. Be sure to maintain a sequence in dealing with each of these aspects.

6. Répondez selon l'exemple:

Exemple: Où sont les fleurs que j'ai mises sur la table ?

Voilà les fleurs que vous avez mises sur la table.

Construct a drill of eight to ten items.

7. Mettez au passé composé:

Exemple: Voici les robes qu'elle aime.

Voici les robes qu'elle **a aimées**.

Construct a drill of ten to twelve items.

8. Répondez à l'affirmatif en remplaçant le régime par le pronom convenable et en faisant tout autre changement nécessaire:

Exemple: As-tu pris mes notes ?

Oui, je les ai prises.

Construct a drill of ten to twelve items, utilizing appropriate sentences from the presentation drill and adding whatever seems necessary.

9. Remplacez le régime par le pronom convenable, en faisant tout autre changement nécessaire:

Exemple: Nous avons laissé la serviette chez vous.
Nous l'avons laissée chez vous.

Construct a drill of twelve to fourteen items, using both genders and numbers, past participles ending in vowels, and past participles ending in consonants.

10. Do Nos. 8 and 9 in the negative.

11. Do No. 9 in the interrogative.

12. Mettez au passé composé:

Exemple: Nous les voyons.
Nous les **avons vus**.

Construct a drill of twelve to fourteen items.

13. Mettez au passé composé en remplaçant le régime par le pronom convenable:

Exemple: Ils prennent la salade.
Ils **l'ont prise**.

Construct a drill of ten to twelve items.

14. Mettez au passé composé:

Exemple: Les voyez-vous?
Les **avez-vous vus**?

Construct a drill of ten to twelve items.

15. Mettez au passé composé en remplaçant le régime par le pronom convenable:

Exemple: Prennent-ils la salade?
L'ont-ils prise?

Construct a drill of ten to twelve items.

16. Do Nos. 12–15 negatively.

17. Mettez à l'interrogatif en plaçant **quel** (**quelle**, etc.) au commencement de la phrase:

Exemple: Ils ont oublié leur voiture.
Quelle voiture ont-ils oubliée?

Construct a drill of ten to fourteen items, utilizing appropriate sentences from the presentation drill and adding whatever is needed.

18. Répétez chaque phrase après **Je sais quel** (**quelle**, etc.), en faisant tout changement nécessaire:

Exemple: Tu as lu la pièce.
            Je sais quelle pièce tu as **lue**.

Construct a drill of ten to twelve items.

19. Mettez au passé composé:

Exemple: Quels cours choisissez-vous?
            Quels cours **avez-vous choisis**?

Construct a drill of twelve to fourteen items, using some negative-interrogative, as well as interrogative, sentences.

TESTING

Use drills similar to Nos. 5, 7, 8, 9, 12, 13, 17, 18, and 19, under "Teaching," avoiding the maintenance of a sequence in gender, number, conjugation of verb (1st, 2nd, 3rd), and ending of participle (vowel or consonant). Include negative, interrogative, and negative-interrogative sentences.

Insert sentences with indirect object pronouns and the partitive **en**.

Verbs Conjugated with **être**

Use the "Presentation," "Teaching," and "Testing" techniques illustrated under "The Perfect Tense—Forms."

Reflexive Verbs

PRESENTATION

See "The Perfect Tense—Forms—Reflexive Verbs."

Use also the following:

Hélène s'achète une robe.	Hélène s'est acheté une robe.
Marie se fait des cadeaux.	Marie s'est fait des cadeaux.
Nous nous donnons le plaisir de l'écouter.	Nous nous sommes donné le plaisir de l'écouter.
Elles se font le plaisir de le voir.	Elles se sont fait le plaisir de le voir.
Elle se lave la figure.	Elle s'est lavé la figure.
Les enfants se font mal au pied.	Les enfants se sont fait mal au pied.

TEACHING

1. Demandez à quelqu'un:

Exemple: . . . s'il s'est acheté des gants.

Vous êtes-vous acheté des gants ?

Construct a drill of twelve to fourteen items, using only situations where the reflexive pronoun is the indirect object. Use also the pluperfect, the future perfect, and the conditional perfect tenses.

2. Mettez au passé composé:

Exemple: Nous nous achetons tant de choses!

Nous nous **sommes acheté** tant de choses!

Construct a drill of ten to twelve items, making certain that the reflexive pronoun is the indirect object.

3. Do the same exercise in the pluperfect, the future perfect, and the conditional perfect tenses.

4. Répondez à l'affirmatif:

Exemple: Vous étiez-vous rendu visite ?

Oui, nous nous étions rendu visite.

Construct a drill of ten to twelve items.

5. Répondez au négatif:

Exemple: Vous étiez-vous rendu visite ?

Non, nous ne nous étions pas rendu visite.

Construct a drill of ten to twelve items.

6. Faites l'exercice suivant selon l'exemple:

Exemple: Qui s'est lavé les oreilles ? (elle)

Elle s'est lavé les oreilles.

Construct a drill of ten to twelve items.

TESTING

1. Use drills similar to 1–6 under "Teaching," including, wherever possible, all the compound tenses in each drill, and avoiding the maintenance of any sequence in gender or number.

2. Faites l'exercice suivant selon l'exemple:

Exemple: Où sont les cadeaux que vous vous étiez donnés ?

Voici les cadeaux que **nous nous étions donnés.**

Construct a drill of ten to twelve items, using all the compound tenses and avoiding the maintenance of any sequence in gender or number.

XXVIII. PERSONAL PRONOUNS

AS SUBJECTS OF THE VERB

PRESENTATION

Begin the presentation with:

Jean est devant la classe. Jean se lève. Jean va à la porte. Jean ouvre la porte. Jean ferme la porte. Jean retourne à sa place.

Jean performs the actions stated by the teacher.

Now say:

Je vais dire les mêmes choses d'une manière différente. Écoutez:

Jean est devant la classe. Il se lève. Il va à la porte. Il ouvre la porte. Il ferme la porte. Il retourne à sa place.

Marie may be substituted for **Jean** in the same series of sentences, followed by **Jean et Henri, Marie et Anne,** and **Jean et Marie.**

For a presentation of **il, ils, elle,** and **elles** referring to objects, use the following:

Le livre est sur la table. Le livre est grand. Le livre est intéressant. Le livre est bleu et rouge.

Now use **les livres** as the subject for the presentation of **ils.**

For **elle** and **elles,** use **la carte** and **les cartes** as the subject.

See also "The Present Tense—Forms—First Conjugation," especially for the presentation of **je, tu, nous,** and **vous.**

TEACHING

1. Dites à quelqu'un:

Exemple: . . . qu'elle regarde le livre.
      Elle regarde le livre.

Construct a drill of twelve to fourteen items.

2. Mettez le verbe singulier au pluriel et le pluriel au singulier:

Exemple: Il parle français.

Ils parlent français.

Construct a drill of twelve to fourteen items.

3. Remplacez le sujet par le pronom convenable:

Exemple: La règle est sur la table.

Elle est sur la table.

Construct a drill of sixteen to eighteen items, maintaining a sequence in gender and number, and using both persons and objects as subjects of the verb.

4. Faites l'exercice suivant selon l'exemple:

Exemple: Le pupitre est dans la salle de classe, n'est-ce pas?

Oui, il est dans la salle de classe.

Construct a drill of eight to ten items.

5. Faites l'exercice suivant selon l'exemple:

Exemple: Le pupitre est dans la salle de classe, n'est-ce pas?

Non, il n'est pas dans la salle de classe.

Use the sentences in No. 4.

TESTING

Use drills similar to those under "Teaching," avoiding the maintenance of any sequence in gender and number.

AS DIRECT OBJECTS OF THE VERB*

PRESENTATION

a. Forms and position before a conjugated form of the verb

The teacher goes through a series of actions with the pencil and says what he does each time, thus:

Je prends le crayon de Marie. Je regarde le crayon. Je mets le crayon sur la table. Je reprends le crayon. Je donne le crayon à Marie.

---

* *See also* "Reflexive" and "Multiple Pronoun Objects."

Faites attention, mes amis. Je vais dire les mêmes choses d'une manière un peu différente.

Je prends le crayon de Marie. Je le regarde. Je le mets sur la table. Je le reprends. Je le donne à Marie.

Maintenant nous allons remplacer crayon **par d'autres mots:**

Je regarde le crayon.	Je le regarde.
Je regarde le stylo.	Je le regarde.
Je regarde le livre.	Je le regarde.
Je regarde le cahier.	Je le regarde.
Je regarde la craie.	Je la regarde.
Je regarde la lettre.	Je la regarde.
Je regarde la table.	Je la regarde.
Je regarde la chaise.	Je la regarde.
Je regarde le garçon.	Je le regarde.
Je regarde Jean.	Je le regarde.
Je regarde Henri.	Je le regarde.
Je regarde la jeune fille.	Je la regarde.
Je regarde la femme.	Je la regarde.
Je regarde Marie.	Je la regarde.
Je regarde Anne.	Je la regarde.
Vous étudiez le livre.	Vous l'étudiez.
Vous étudiez le journal.	Vous l'étudiez.
Vous étudiez la carte.	Vous l'étudiez.
Il écoute le disque.	Il l'écoute.
Nous écoutons la musique.	Nous l'écoutons.
Tu écoutes le garçon.	Tu l'écoutes.
J'entends la jeune fille.	Je l'entends.
Nous regardons les crayons.	Nous les regardons.
Nous regardons les livres.	Nous les regardons.
Nous regardons les garçons.	Nous les regardons.
Nous regardons les craies.	Nous les regardons.
Nous regardons les chaises.	Nous les regardons.
Nous regardons les jeunes filles.	Nous les regardons.

Once the concept of the object pronoun is carefully presented, it is not difficult to teach **me, te, nous,** and **vous.** The following is one suggestion:

Marie, regardez le professeur.	Marie, vous me regardez.
Anne, regardez le professeur.	Anne, vous me regardez.

The teacher points to himself as he says **Vous me regardez**. He does this as many times as he thinks it necessary in order to communicate the point to the class.

Now, he may say the following with the appropriate gestures:

Marie, vous regardez Jeanne et Marie, vous nous regardez.
vous regardez le professeur.

Te and **vous** can be taught the same way.

b. Before an interrogative verb

Il te connaît.	Te connaît-il ?
Elle le finit.	Le finit-elle ?
Ils vous comprennent.	Vous comprennent-ils ?
Tu les aimes.	Les aimes-tu ?
Elles nous entendent.	Nous entendent-elles ?
Nous vous cherchons.	Vous cherchons-nous ?
Je vous fais peur.	Est-ce que je vous fais peur ?
Vous m'écoutez.	M'écoutez-vous ?
Il l'étudie.	L'étudie-t-il ?

c. Before a negative verb

Use the same sentences to teach the position of direct object pronouns with negation, thus:

Il te connaît.	Il ne te connaît pas.
Elle le finit.	Elle ne le finit pas.

d. Before an infinitive

The position of the direct object pronoun before the infinitive needs separate treatment. It should be taught after the student has mastered its position before the finite verb.

Je vais voir le garçon.	Je vais le voir.
Je vais voir la dame.	Je vais la voir.
Nous allons lire les livres.	Nous allons les lire.
Tu veux lire les journaux.	Tu veux les lire.
Veut-il étudier la leçon ?	Veut-il l'étudier ?
Vous n'essayez pas de faire les devoirs.	Vous n'essayez pas de les faire.
Elle ne désire pas accompagner ses amies.	Elle ne désire pas les accompagner.

e. After an affirmative imperative

Vous le regardez.	Regardez-le.
Vous le lisez.	Lisez-le.
Vous la finissez.	Finissez-la.
Vous les vendez.	Vendez-les.
Vous les écoutez.	Écoutez-les.

f. Before a verb in the compound tense

It is best to introduce this topic with indirect object pronouns in order to avoid the complications resulting from the agreement of the past participle. Once that has been done, the presentation of direct object pronouns with compound tenses reduces itself to one short drill on position. For pertinent material on agreement, see "The Perfect Tense—Agreement of the Past Participle."

Before an affirmative verb

Nous avons acheté le piano.	Nous l'avons acheté.
Elle a vu son cousin.	Elle l'a vu.
Tu as rencontré Jean.	Tu l'as rencontré.
Vous avez essayé le complet.	Vous l'avez essayé.
Ils ont pris les cadeaux.	Ils les ont pris.
J'ai compris les devoirs.	Je les ai compris.

Before an interrogative verb

Nous l'avons trouvé.	L'avons-nous trouvé ?
Elle l'a cru.	L'a-t-elle cru ?
Je les ai pris.	Est-ce que je les ai pris ?

Before a negative verb

Tu l'as emprunté.	Tu ne l'as pas emprunté.
Je l'ai caché.	Je ne l'ai pas caché.

Other compound tenses may be used if the students have had them.

TEACHING

a. Forms and position before a conjugated form of the verb

1. Remplacez le nom (substantif) par le pronom convenable:
Exemple: Nous finissons le travail.
               Nous **le** finissons.

Construct a drill, using three masculine singular nouns referring to objects, three feminine singular nouns referring to objects, three masculine singular nouns referring to persons, three feminine singular nouns referring to persons, two masculine plural nouns referring to objects, two feminine plural nouns referring to objects, two masculine plural nouns referring to persons, and two feminine plural nouns referring to persons.

If the students have had other simple tenses, those tenses should be used in the latter part of the drill.

2. Mettez le pronom régime au pluriel:

Exemple: Elle le met sur la table.

Elle **les** met sur la table.

Construct a drill of eight to ten items, using also sentences involving l', **me**, and **te**.

3. Répondez affirmativement aux questions suivantes en remplaçant le nom par le pronom convenable et en commençant chaque réponse par **Oui**:

Exemple: Comprenez-vous bien ce monsieur français ?

Oui, je le comprends bien.

Construct a drill using two masculine singular and three feminine singular nouns referring to objects, two or three masculine singular nouns referring to persons, two or three feminine singular nouns referring to persons, and several plural nouns referring to persons and things.

b. Before an interrogative verb

4. Remplacez le nom par le pronom convenable:

Exemple: Étudiez-vous la leçon ?

L'étudiez-vous ?

Construct a drill of eight to ten items.

c. Before a negative verb

5. Remplacez le nom par le pronom convenable:

Exemple: Tu ne manges pas la viande.

Tu ne **la** manges pas.

Construct a drill of twelve to fourteen items.

6. Mettez les phrases suivantes au négatif:

Exemple: Nous les trouvons.

Nous **ne** les trouvons **pas**.

Construct a drill of ten to twelve items, mixing up the pronouns and using **me, te, vous, nous, le, la**, and **les**.

7. Répondez négativement aux questions suivantes en remplaçant le nom par le pronom convenable et en commençant chaque réponse par **Non:**

Exemple: Entendez-vous les musiciens ?
Non, je ne les entends pas.

Construct a drill of eight to ten items.

d. Before an infinitive

8. Remplacez le nom par le pronom convenable:

Exemple: Elle veut enseigner le français.
Elle veut **l'enseigner.**

Construct a drill of ten to twelve items.

e. After an affirmative imperative

9. Mettez le verbe à l'impératif en faisant tout autre changement nécessaire:

Exemple: Vous les essayez.
Essayez-les.

Construct a drill, using all the direct object pronouns except **te** and **vous** at least twice with the imperative.

10. Remplacez le nom par le pronom convenable:

Exemple: Conduisez l'auto.
Conduisez-la.

Construct a drill of eight to twelve items.

11. Mettez les phrases suivantes à l'affirmatif en faisant tout autre changement nécessaire:

Exemple: Ne le louez pas.
Louez-le.

Construct a drill of eight to ten items.

f. Before a negative imperative

12. Mettez les phrases suivantes au négatif en faisant tout autre changement nécessaire:

Exemple: Essayez-le.
Ne l'essayez pas.

Construct a drill of eight to ten items.

g. Before a verb in a compound tense

13. Remplacez le nom par le pronom convenable:

Exemple: Vous avez reçu le programme.

            Vous l'avez reçu.

If the agreement of past participles conjugated with **avoir** has not yet been taught, any visual or auditory change in the ending of the past participle must be absolutely avoided. This means that only masculine singular nouns must be used with past participles which end in a vowel and only masculine singular and plural nouns before those that end in **s**.

14. Mettez le verbe au passé composé:

Exemple: Nous le comprenons.

            Nous l'avons compris.

Construct a drill of ten to twelve items.

h. Before an interrogative verb

15. Mettez les phrases suivantes à l'interrogatif:

Exemple: Ils l'ont rencontré.

            L'ont-ils rencontré?

Construct a drill of eight to twelve items.

16. Mettez le verbe au passé composé:

Exemple: Les prenez-vous?

            Les avez-vous pris?

Construct a drill of ten to twelve items.

i. Before a negative verb

17. Mettez les phrases suivantes au négatif:

Exemple: Ils l'ont écouté.

            Ils **ne** l'ont **pas** écouté.

Construct a drill of ten to twelve items.

18. Mettez le verbe au passé composé:

Exemple: Vous ne le faites pas.

            Vous ne l'**avez** pas **fait.**

Construct a drill of ten to twelve items.

Other compound tenses may be used for further drill if the students have already learned those tenses.

TESTING

1. Remplacez le nom par le pronom convenable:

Exemple: Nous rejoindrons nos amis.
           Nous **les** rejoindrons.

Elle charmera le professeur.	Elle le charmera.
Il a mordu l'enfant.	Il l'a mordu.
Vous observiez les joueurs.	Vous les observiez.
Nous voulions inviter les Dumont.	Nous voulions les inviter.
Cherchez les enfants.	Cherchez-les.
Ils reconnaît ces demoiselles.	Ils les reconnaît.

Construct a drill of ten to twelve items.

In a more challenging testing drill, the teacher may use affirmative, interrogative, and negative sentences in addition to changing pronouns from sentence to sentence, thus:

2. Remplacez le nom par le pronom convenable:

Exemple: N'avez-vous pas appris **le nom de ce garçon** ?
           Ne **l'**avez-vous pas appris ?

Nous apprenons la leçon.	Nous l'apprenons.
Vous ne connaissez pas les dames.	Vous ne les connaissez pas.
Lisent-ils les journaux ?	Les lisent-ils ?
Ne sais-tu pas la réponse ?	Ne la sais-tu pas ?
Je ne peux pas entendre les enfants.	Je ne peux pas les entendre.
As-tu vu ce bon film ?	L'as-tu vu ?
Elle n'a pas compris les professeurs.	Elle ne les a pas compris.
Nous recevrons les lettres demain.	Nous les recevrons demain.

Use any of the more difficult teaching drills for testing, but mix the pronouns, tenses, etc.

AS INDIRECT OBJECTS OF THE VERB

PRESENTATION

Using students and classroom objects, and carrying out the actions indicated by each sentence, present the indirect object pronouns with the following drill:

Je donne le livre à Jean.	Je lui donne le livre.
Je donne le livre à Henri.	Je lui donne le livre.

Je donne le livre au garçon.	Je lui donne le livre.
Je donne le cahier à l'élève.	Je lui donne le cahier.
Il donne le stylo à Marie.	Il lui donne le stylo.
Il donne le stylo à la jeune fille.	Il lui donne le stylo.
Il donne de la craie à Jean et à Henri.	Il leur donne de la craie.
Il donne de la craie à Henri et à Hélène.	Il leur donne de la craie.
Il donne de la craie à Marie et à Marthe.	Il leur donne de la craie.
Il donne de la craie aux étudiants.	Il leur donne de la craie.
Il donne de la craie aux jeunes filles.	Il leur donne de la craie.

See "Personal pronouns—As Direct Objects of the Verb" for suggestions for the presentation of the following aspects of indirect object pronouns:

a. **me, te, nous, vous, moi, toi, m', t'.**

b. The position of indirect object pronouns before an interrogative verb, a negative verb, an infinitive, and a verb in the compound tense, and after an affirmative imperative.

TEACHING

1. Mettez le pronom donné à la place convenable:
Exemple: Nous parlons. (leur)
        Nous **leur** parlons.
Construct a drill of twelve to fourteen items.

2. Répondez à l'affirmatif:
Exemple: Lui obéissez-vous ?
        Oui, je lui obéis.
Construct a drill of ten to twelve items.

3. Dites à quelqu'un:
Exemple: . . . qu'elle vous répond.
        Elle me répond.
Construct a drill of eight to ten items.

4. Demandez à quelqu'un:
Exemple: . . . s'il leur écrit.
        Leur écrivez-vous ?
Construct a drill of twelve to fourteen items.

   For additional teaching drills, see "Personal Pronouns—As Direct Objects of a Verb—Teaching."

TESTING

Use drills similar to the teaching drills above and to those under "Personal Pronouns—As Direct Objects of a Verb—Teaching—Testing," avoiding the maintenance of a sequence in gender, number, tense, affirmative sentences, negative sentences, interrogative sentences, or moods (indicative, infinitive, imperative, etc.). Use also sentences involving direct object pronouns in order to test the student's ability to distinguish and to use them correctly in normal situations.

REFLEXIVES

See "Reflexive Verbs."

MULTIPLE PRONOUN OBJECTS

PRESENTATION

a. Before a conjugated form of the verb

Utilizing students and classroom objects, and making appropriate gestures, use the following presentation:

Je donne le livre à Jean.	Je le lui donne.
Je donne le livre au garçon.	Je le lui donne.
Je donne le livre à Marie.	Je le lui donne.
Je donne le livre à la jeune fille.	Je le lui donne.
Je donne le livre à Jean et à Marie.	Je le leur donne.
Je donne le livre aux garçons.	Je le leur donne.
Je donne le livre aux jeunes filles.	Je le leur donne.
Je donne la craie à Henri.	Je la lui donne.
Je donne la craie à Marie.	Je la lui donne.
Je donne la craie aux étudiants.	Je la leur donne.
Je donne la craie aux étudiantes.	Je la leur donne.
Je montre les stylos à l'élève.	Je les lui montre.
Je montre les images à mon ami.	Je les lui montre.
Je montre les cartes aux élèves.	Je les leur montre.
Je montre les fenêtres aux jeunes filles.	Je les leur montre.

With appropriate sentences, present **me le, me la, me les, te le, te la**, etc.

b. Before an interrogative verb

Donnez-vous le livre à Jean ?	Le lui donnez-vous ?
Donnez-vous le livre au garçon ?	Le lui donnez-vous ?
Donnez-vous le livre à Marie ?	Le lui donnez-vous ?
Donnez-vous le livre à la jeune fille ?	Le lui donnez-vous ?

Continue as long as necessary, following the pattern of **a** above.

c. Before a negative verb

Nous ne montrons pas le stylo à Pierre.	Nous ne le lui montrons pas.
Nous ne montrons pas le stylo au garçon.	Nous ne le lui montrons pas.
Nous ne montrons pas le stylo à Marie.	Nous ne le lui montrons pas.
Nous ne montrons pas le stylo à la jeune fille.	Nous ne le lui montrons pas.
Ne montrez pas le stylo à la jeune fille.	Ne la lui montrez pas.

Continue as long as necessary, following the pattern of **a** above.

d. Before an infinitive

Il veut raconter l'histoire à Georges.	Il veut la lui raconter.
Il veut raconter l'histoire au garçon.	Il veut la lui raconter.
Il veut raconter l'histoire à Marie.	Il veut la lui raconter.
Il veut raconter l'histoire à la jeune fille.	Il veut la lui raconter.

Continue as above, using also some negative verbs (**Il ne veut pas** . . .).

e. Before a verb in the compound tense*

Nous avons dit les nouvelles à notre mère.	Nous les lui avons dites.
Nous avons dit les nouvelles à notre père.	Nous les lui avons dites.
Nous avons dit les nouvelles à nos sœurs.	Nous les leur avons dites.
Nous avons dit les nouvelles à nos frères.	Nous les leur avons dites.

Continue as above.

---

* For the agreement of the past participle, see "Perfect Tense—Agreement of the Past Participle—Verbs Conjugated with **Avoir**."

Construct presentation drills for the position of multiple pronoun objects before compound tenses in the negative and the interrogative.

f. After an affirmative imperative

Donnez le crayon à Jean.	Donnez-le-lui.
Montrez le stylo à Marie.	Montrez-le-lui.
Expliquez la leçon à l'étudiante.	Expliquez-la-lui.
Expliquez les exercices aux élèves.	Expliquez-les-leur.
Lisez-moi le conte.	Lisez-le-moi.
Jetez-nous la craie.	Jetez-la-nous.
Vendez-nous les tableaux.	Vendez-les-nous.

TEACHING AND TESTING

For the large variety of drills that may be used for the teaching and testing phases of this subject, see above "Personal Pronouns—As Direct Objects of the Verb—Teaching," and "Personal Pronouns—As Indirect Objects of the Verb—Teaching."

1. Lisez les verbes suivants en y ajoutant les pronoms donnés:

Exemple: Donnez. (le-lui)
Donnez-**le-lui**.

Construct a drill of fourteen to sixteen items.

2. Mettez au négatif:

Exemple: Expliquez-la-leur.
Ne la leur expliquez **pas**.

Construct a drill of twelve to fourteen items.

3. Mettez à l'affirmatif:

Exemple: Ne la leur expliquez pas.
Expliquez-**la-leur**.

Construct a drill of twelve to fourteen items.

DISJUNCTIVES

PRESENTATION

a. As objects of prepositions

Utilizing students and classroom objects, and making appropriate gestures, use the following presentation:

Ce livre est pour Jean.	Ce livre est pour lui.
Ce livre est pour Étienne.	Ce livre est pour lui.
Ce livre est pour le garçon.	Ce livre est pour lui.
Ce cahier est pour l'élève.	Ce cahier est pour lui.
Ce cahier est pour Nanette.	Ce cahier est pour elle.
Ce cahier est pour Marie.	Ce cahier est pour elle.
Cette craie est pour la jeune fille.	Cette craie est pour elle.
Cette craie est pour l'étudiante.	Cette craie est pour elle.
Cette craie est pour Henri et Jacques.	Cette craie est pour eux.
Cette craie est pour Raymond et Édouard.	Cette craie est pour eux.
Cette craie est pour Albert, Louis, et Anne.	Cette craie est pour eux.
Cette craie est pour les garçons.	Cette craie est pour eux.
Ces craies sont pour les étudiants.	Ces craies sont pour eux.
Ces stylos sont pour Anne et Marie.	Ces stylos sont pour elles.
Ces stylos sont pour Suzanne et Marthe.	Ces stylos sont pour elles.
Ces stylos sont pour les jeunes filles.	Ces stylos sont pour elles.

For the presentation of **moi, toi, nous,** and **vous,** paired sentences are impractical. With appropriate gestures, use such sentences as **Ce papier est pour moi** and **Ces crayons sont pour moi.**

b. After C'EST and CE SONT

C'est Jean.	C'est lui.
C'est le garçon.	C'est lui.
C'est l'étudiant.	C'est lui.
C'est Marie.	C'est elle.
C'est la jeune fille.	C'est elle.
C'est l'étudiante.	C'est elle.
Ce sont Jean et Henri.	Ce sont eux.
Ce sont Jean et Marie.	Ce sont eux.
Ce sont les garçons.	Ce sont eux.
Ce sont les étudiants.	Ce sont eux.
Ce sont Marie et Jeanne.	Ce sont elles.
Ce sont les jeunes filles.	Ce sont elles.
Ce sont les étudiantes.	Ce sont elles.

Continue, using **moi, toi, nous,** and **vous.**

c. Used alone

Qui frappe à la porte ?	Moi.
Qui sait la réponse ?	Moi.
Qui va écrire à M. Dupont ?	Toi.
Qui a reçu de beaux cadeaux ?	Lui.
Qui est allé au concert ?	Elle.
Qui est tombé dans l'escalier ?	Nous.
Qui avait fait des erreurs ?	Vous.
Qui avait promis de rester ?	Eux.
Qui aura préparé les renseignements nécessaires ?	Elles.

d. Used to emphasize the subject

Jean aime chanter.	Moi, je préfère lire.
Marie aime le professeur.	Moi, je ne l'aime pas.
Je travaille toujours.	Toi, tu ne travailles jamais.
Nous faisons attention au professeur.	Lui, il ne fait pas attention au professeur.
Il va au théâtre.	Elle, elle veut aller au cinéma.
Tu aimes mieux aller à pied.	Nous, nous aimons mieux aller en voiture.
Nous pensons à notre travail.	Vous, vous pensez toujours à la musique.
Je pense que c'est une mauvaise situation.	Eux, ils pensent que c'est une situation idéale.
Vous croyez que Raymond chante à merveille.	Elles, elles pensent qu'il chante très mal.

e. Used to emphasize the object

Nous les avons vus.	Nous les avons vus, lui et elle.
Ils les ont rencontrés.	Ils les ont rencontrés, lui et elle.
Elle nous a invités.	Elle nous a invités, vous et moi.
M. Davranche nous regardait.	M. Davranche nous regardait, mon frère et moi.
Nous vous avons remarqués.	Nous vous avons remarqués, vous et elle.
Vous ont-ils cherchés ?	Vous ont-ils cherchés, vous et lui ?
Nous leur dirons les nouvelles.	Nous leur dirons les nouvelles, à lui et à elle.

Elle leur a raconté l'histoire.   Elle leur a raconté l'histoire, à
                                           Raymond et à elle.

Ils nous expliqueront les problèmes.   Ils nous expliqueront les problèmes,
                                           à Jean et à moi.

TEACHING

a. As objects of prepositions

1. Remplacez **pour** par les prépositions données:

Exemple: Nous allons en ville pour eux.
           —— —— — —— avec —.
           Nous allons en ville **avec** eux.

Construct a drill of eight to ten items.

2. Remplacez **moi** par les pronoms donnés:

Exemple: Il a de l'argent pour moi.
           — — — —— —— toi.
           Il a de l'argent pour **toi**.

Construct a drill of ten to twelve items.

3. Répondez en employant le pronom donné:

Exemple: Avec qui êtes-vous allé en France? (lui)
           Je suis allé en France avec **lui**.

Construct a drill of ten to twelve items.

4. Remplacez les noms après les prépositions par les pronoms convenables:

Exemple: J'étudie avec Jean et Marie.
           J'étudie avec **lui** et **elle**.

Construct a drill of twelve to fourteen items.

5. Remplacez les deux objets de la préposition par un seul pronom:

Exemple: Nous avions fait cela pour mon frère et vous.
           Nous avions fait cela pour **vous**.

Construct a drill of ten to twelve items.

6. Répondez affirmativement en remplaçant les objets de la préposition par
le pronom convenable:

Exemple: Irez-vous en Italie avec vos frères?
           Oui, j'irai en Italie avec eux.

Construct a drill of ten to twelve items.

7. Repeat No. 6 in the negative.

b. After C'EST and CE SONT

8. Remplacez **lui** par les pronoms donnés:

Exemple: C'est lui.
          —— moi.
          C'est **moi**.

Construct a drill of six to eight items.

9. Répondez selon l'exemple:

Exemple: Qui a fait cette erreur? (moi)
          C'est moi.

Construct a drill of ten to twelve items.

10. Faites l'exercice suivant selon l'exemple:

Exemple: Jean et moi nous avons fait cet exercice.
          C'est nous qui avons fait cet exercice.

Construct a drill of ten to twelve items.

c. Used alone

11. Use a drill similar to the one under "Presentation—**c.**"

d. Used to emphasize the subject

12. Faites l'exercice suivant selon l'exemple:

Exemple: Il aime danser.
          Lui, il aime danser.

Construct a drill of ten to twelve items.

13. Faites l'exercice suivant selon l'exemple:

Exemple: Robert aime étudier, mais moi, . . .
          Robert aime étudier, mais moi, **je n'aime pas étudier**.

Construct a drill of ten to twelve items.

14. Faites l'exercice suivant selon l'exemple:

Exemple: Henri lit bien, mais toi, . . .
          Henri lit bien, mais toi, **tu lis mieux**.

Construct a drill of twelve to fourteen items.

e. Used to emphasize the object

15. Répétez chaque phrase en y ajoutant les pronoms donnés:

Exemple: Nous les avons connus. (lui et elle)
           Nous les avons connus, **lui et elle**.

Construct a drill of ten to twelve items.

16. Faites l'exercice suivant selon l'exemple:

Exemple: Elle a salué. (lui et elle.)
           Elle **les** a salués, **lui et elle**.

Construct a drill of ten to twelve items.

17. Faites l'exercice suivant selon l'exemple:

Exemple: Nous inviterons M. et Mme Dumas.
           Nous **les** inviterons, **lui et elle**.

Construct a drill of ten to twelve items.

18. Construct drills similar to Nos. 15–17, using indirect objects.

TESTING

a. As objects of prepositions

Construct drills similar to Nos. 4–7 under the teaching phase of this topic.

b. After C'EST and CE SONT

Construct drills similar to Nos. 9 and 10, under the teaching phase of this topic.

c. Used alone

See the teaching phase of this topic.

d. Used to emphasize the subject

Use drills similar to Nos. 12–14 under the teaching phase of this topic.

e. Used to emphasize the object

Use drills similar to Nos. 16–18 under the teaching phase of this topic.

XXIX. THE PLUPERFECT TENSE

VERBS CONJUGATED WITH AVOIR*

PRESENTATION

Ask Henry to read a few words on the board. Ask John to read the same words and Mary to do the same. Then say:

Marie a lu les mots. Jean avait lu les mêmes mots avant Marie. Henri avait lu les mêmes mots avant Jean. Henri et Jean avaient lu les mêmes mots avant Marie. Moi, j'avais lu les mêmes mots avant de venir en classe.

Go on to the following presentation:

> Jean avait lu les mots.
> Henri avait lu les mots.
> Jean et Henri avaient lu les mots.
> Marie, tu avais lu les mots.
> Jean et toi, vous aviez lu les mots.
> J'avais lu les mots.
> Robert et moi, nous avions lu les mots.

TEACHING AND TESTING

Construct drills similar to those under "The Perfect Tense Forms—Verbs conjugated with **Avoir**—Teaching," Nos. 1–11.

VERBS CONJUGATED WITH ÊTRE**

PRESENTATION

Normally, the verbs conjugated with **avoir** would be taught before those

---

* For the agreement of the past participle, *see* "The Perfect Tense—Agreement of the Past Participle."

** See also "The Perfect Tense—Agreement of the Past Participle."

conjugated with **être**. Hence, it is possible to go directly into the following presentation drill:

> J'étais entré(e) dans la salle.
> Tu étais entré(e) dans la salle.
> Il était entré dans la salle.
> Elle était entrée dans la salle.
> Nous étions entré(e)s dans la salle.
> Vous étiez entré(e)(s)(es) dans la salle.
> Ils étaient entrés dans la salle.
> Elles étaient entrées dans la salle.

TEACHING AND TESTING

Construct drills similar to those under "The Perfect Tense—Verbs Conjugated with **être**—Teaching-Testing."

Check the above drills under "The Perfect Tense—Verbs Conjugated with **avoir** (and **être**)—Teaching-Testing" in order to see whether there is a good variety here. If this section needs additions, make them.

XXX. POSSESSION

PRESENTATION

With a proper noun

Utilizing students and classroom objects, use the following presentation:

> Le livre de Jean est sur le pupitre.
> Le livre de Marie est sur le pupitre.
> Le cahier de Robert est sous le livre.
> Le cahier de Jeanne est sous le stylo.
> Le crayon de Raymond est sur le cahier.
> Les crayons de Jacques sont sur le livre.

With a common noun

> J'ai la règle de la jeune fille.
> J'ai les stylos de la jeune fille.
> Avez-vous les crayons de la jeune fille ?
> Oui, j'ai les crayons de la jeune fille.
> Tu as les papiers de l'étudiant.
> Il a les papiers de l'étudiante.
> Je prends le cahier de l'élève.
> Ils ont les papiers du garçon.
> J'ai le carnet du professeur.
> Je prends les crayons des jeunes filles.
> Prenez les cahiers des jeunes filles.
> Comptez les livres des garçons.
> Comptez les stylos des garçons.
> Regardez les livres des étudiants.
> Regardez les livres des étudiantes.
> Prenez les stylos des élèves.

À + noun or pronoun

À qui est ce livre ?	Il est à Nanette.
À qui est ce crayon ?	Il est à Alice.
À qui est ce stylo ?	Il est à Patrick.
À qui est cette valise ?	Elle est à Victor.
À qui sont ces gants ?	Ils sont à la jeune fille.
À qui sont les romans ?	Ils sont à cette dame-là.
À qui sont les lettres ?	Elles sont à ces hommes.
À qui sont les jouets ?	Ils sont aux enfants.
À qui est ce livre ?	Il est à elle.
À qui est ce crayon ?	Il est à elle.
À qui est ce stylo ?	Il est à lui.
À qui est cette valise ?	Elle est à lui.
À qui sont ces gants ?	Ils sont à elle.
À qui sont les lettres ?	Elles sont à eux.
À qui sont les romans ?	Ils sont à elles.
À qui sont ces peintures ?	Elles sont à moi.
À qui sont ces cadeaux ?	Ils sont à toi.
À qui sont ces chaussures ?	Elles sont à nous.
À qui sont ces revues ?	Elles sont à vous.

TEACHING

With a proper noun

1. Remplacez **Jean** par les noms donnés:

Exemple: J'ai le crayon de Jean.

——— — ——— — Marie.

J'ai le crayon de **Marie**.

Construct a drill of six to eight items.

2. Dites à quelqu'un:

Exemple: . . . que vous regardez le livre de Jeanne.

Je regarde le livre de Jeanne.

Construct a drill of six to eight items.

3. Faites l'exercice suivant selon l'exemple:

Exemple: Regardez les papiers. (Étienne)

Regardez les papiers **d'Étienne**.

Construct a drill of six to eight items.

With a common noun

4. Remplacez **garçon** par les mots donnés en faisant tout autre changement nécessaire:

Exemple: Avez-vous les papiers du garçon ?

          —— —— — —— — professeur ?

          Avez-vous les papiers du **professeur** ?

Construct a drill of ten to twelve items, carefully maintaining the sequence in gender and number.

5. Dites à quelqu'un:

Exemple: . . . que vous voyez l'ami de l'élève.

          Je vois l'ami de l'élève.

Construct a drill of ten to twelve items, carefully maintaining the sequence in gender and number.

6. Répondez à l'affirmatif:

Exemple: Comptez-vous les pages du livre ?

          Oui, je compte les pages du livre.

Construct a drill of ten to twelve items.

7. Mettez les noms au pluriel en faisant tout autre changement nécessaire:

Exemple: Voilà le livre du garçon.

          Voilà **les livres des garçons**.

Construct a drill of ten to twelve items.

8. Mettez les noms au singulier en faisant tout autre changement nécessaire:

Exemple: Je vois les amis des enfants.

          Je vois **l'ami de l'enfant**.

Construct a drill of eight to ten items, carefully maintaining the sequence in gender and number.

À + a noun or pronoun

9. Remplacez **Nanette** par les noms donnés:

Exemple: Les romans sont à Nanette.

          — —— —— — Marie.

          Les romans sont à **Marie**.

Construct a drill of eight to ten items.

10. Répondez en utilisant la réponse donnée:
Exemple: À qui sont les cahiers ? (garçon)
           Les cahiers sont **au garçon**.
Construct a drill of twelve to fourteen items.

11. Faites l'exercice suivant selon l'exemple:
Exemple: C'est le bureau de Marie.
           Ce bureau est à Marie.
Construct a drill of ten to twelve items. If the students have not had **c'est**
and **ce sont**, replace them with **voici** and **voilà**.

12. Remplacez le nom après **à** par le pronom convenable:
Exemple: Ce chapeau est à Hélène.
           Ce chapeau est à **elle**.
Construct a drill of twelve to fourteen items, utilizing the sentences in No. 11.

13. Construct drills similar to Nos. 9 and 10, using pronouns instead of nouns.

TESTING

With a proper noun

The testing drill does not differ from the teaching drill in this topic. If the
students have not mastered it, use the teaching drills again.

With a common noun

1. Remplacez **professeur** par les mots donnés en faisant tout autre changement nécessaire:
Exemple: Nous voyons les stylos du professeur.
           —— —— — —— — jeunes filles.
           Nous voyons les stylos **des jeunes filles**.
Construct a drill of eight to ten items, avoiding the maintenance of any
sequence in gender or number.

2. Construct drills similar to Nos. 7 and 8, under "Teaching—With Common
Nouns," avoiding the maintenance of any sequence in gender and number.

À + a noun or pronoun

Construct drills similar to Nos. 10–12, under "Teaching—**À** plus a Noun
or Pronoun," avoiding the maintenance of any sequence in proper and
common nouns, masculine and feminine nouns, singulars and plurals.

XXXI. POSSESSIVES

ADJECTIVES

PRESENTATION

a. Forms

Utilizing students and classroom objects, and making appropriate gestures, give the following presentation:

Je prends le livre de Jean. Je regarde le livre de Jean. J'ouvre le livre de Jean. Je lis le livre de Jean. Je ferme le livre de Jean. Je rends le livre de Jean.

Maintenant, écoutez avec attention. Je vais dire les mêmes choses d'une façon un peu différente.

Je prends le livre de Jean. Je regarde son livre. J'ouvre son livre. Je lis son livre. Je ferme son livre. Je rends son livre à Jean.

Now, use the following pattern:

Je prends le livre de Jean.	Je prends son livre.
Je lis le cahier d'Henri.	Je lis son cahier.
J'emprunte le crayon d'Hélène.	J'emprunte son crayon.
J'emprunte le stylo de Marthe.	J'emprunte son stylo.
Connaissez-vous le frère de Robert ?	Connaissez-vous son frère ?
Connaissez-vous le frère de Sylvie ?	Connaissez-vous son frère ?
Je connais la sœur de Georges.	Je connais sa sœur.
Nous connaissons la mère d'Étienne.	Nous connaissons sa mère.
J'ai rencontré la tante de Raymond.	J'ai rencontré sa tante.
Voyez-vous la sœur de Patrick ?	Voyez-vous sa sœur ?
Voulez-vous parler à la mère de Thomas ?	Voulez-vous parler à sa mère ?
Je suis entré dans la chambre de Pierre.	Je suis entré dans sa chambre.

Nous admirons la robe et le chapeau d'Elvire.

Nous admirons sa robe et son chapeau.

Nous avons vu les oncles et les tantes de Marie.

Nous avons vu ses oncles et ses tantes.

Add a few items for **ses** in order to complete this phase of the presentation. Drill on **son, sa, ses** before going on to the rest of the possessive adjectives.

Mon ami Robert et l'amie de Robert nous ont rendu visite.

Mon ami et son amie nous ont rendu visite.

Nous étudions la politique et l'économie de la France.

Nous étudions sa politique et son économie.

L'éducation de l'enfant a été négligée.

Son éducation a été négligée.

Ton école et l'école de Jacques sont près d'ici.

Ton école et son école sont près d'ici.

Mon église et l'église de mon voisin sont grandes.

Mon église et son église sont grandes.

b. Clarification of the possessive adjective

Mon ami et l'ami de Thomas se connaissent.

Mon ami et son ami à lui se connaissent.

Notre voisin et le voisin de mon oncle sont très bons.

Notre voisin et son voisin à lui sont très bons.

Votre patron et le patron de ma sœur sont des amis.

Votre patron et son patron à elle sont des amis.

La secrétaire de Mme Houdon et la secrétaire de M. Houdon sont des sœurs.

Sa secrétaire à elle et sa secrétaire à lui sont des sœurs.

Le professeur des garçons et le professeur des jeunes filles sont sévères.

Leur professeur à eux et leur professeur à elles sont sévères.

Les œuvres de ces auteurs sont meilleures que les œuvres de ces dames.

Leurs œuvres à eux sont meilleures que leurs œuvres à elles.

TEACHING

a. Forms

1. Demandez à quelqu'un:

Exemple: . . . si son examen a duré longtemps.

Votre examen a-t-il duré longtemps ?

Construct a drill of twelve to fourteen items.

2. Remplacez **de** et le nom qui le suit par l'adjectif possessif convenable:

Exemple: Je prends le livre de Jean.
           Je prends **son** livre.

Construct a drill of twelve to fourteen items.

3. Remplacez l'article défini par l'adjectif possessif qui correspond au sujet:

Exemple: L'enfant cherche la mère.
           L'enfant cherche **sa** mère.

Construct a drill of fourteen to sixteen items.

4. Dites à quelqu'un:

Exemple: . . . que votre montre ne marche pas.
           Ma montre ne marche pas.

Construct a drill of ten to twelve items.

5. Mettez le verbe à l'impératif familier en faisant tout autre changement nécessaire:

Exemple: Je lis ma lettre.
           Lis ta lettre

Construct a drill of ten to twelve items.

6. Mettez le nom au pluriel en faisant tout autre changement nécessaire:

Exemple: Mon livre est mince.
           Mes livres sont minces.

Construct a drill of fourteen to sixteen items, using all forms of **mon, ton, son**, etc.

7. Répondez à l'affirmatif:

Exemple: Verrez-vous vos copains?
           Oui, je verrai mes copains.

Construct a drill of fourteen to sixteen items, using all forms of **mon, ton, son**, etc.

8. Do No. 7 in the negative.

9. Répondez en employant la réponse donnée:

Exemple: Qui avez-vous rencontré au concert? (mes cousins)
           J'ai rencontré mes cousins au concert.

Construct a drill of twelve to fourteen items, using all forms of the possessive adjective, and utilizing persons and objects preceded by the possessive adjective. Be sure to include feminine singular nouns beginning with a vowel.

b. Clarification of the possessive adjective

10. Remplacez l'expression possessive par l'adjectif possessif selon l'exemple:

Exemple: Le frère de Marie et le frère de Jean sont absents.
Son frère à elle et **son frère à lui** sont absents.

Construct a drill of twelve to fourteen items.

11. Construct drills similar to Nos. 1, 6, 7, 8, and 9.

TESTING

a. Forms

Use drills similar to Nos. 1–11 under "Teaching," avoiding the maintenance of a sequence.

b. Clarification of the possessive adjective

Use drills similar to Nos. 1–11 under "Teaching," avoiding the maintenance of a sequence.

REPLACEMENT OF THE POSSESSIVE ADJECTIVE WITH THE DEFINITE ARTICLE

PRESENTATION

a. Without clarifying pronouns

Il a levé la main.
Elle a rempli la poche avec de l'argent.
Elle a mis l'écharpe autour du cou.
Il a secoué la tête.
Elle a haussé les épaules.
Il a mis le manteau et il est sorti.
L'enfant a mis les chaussures avant de sortir.

b. With reflexive pronouns

Elle s'est cassé la jambe.
Nous nous sommes serré la main.
Elle s'est peigné les cheveux.
Tu t'es lavé les mains et les oreilles.

Elle s'est frotté les yeux.
Je me suis fait mal au doigt.
Il s'est blessé au genou.

c. With indirect object pronouns

Sa mère lui a lavé les oreilles.
Je lui ai pris le chapeau.
Il lui a pris le bras.
Elle m'a caressé la tête.
Elle lui a saisi l'oreille.

TEACHING

a. Without clarifying pronouns

1. Remplacez **chaussures** par les mots donnés:

Exemple: L'enfant a mis les chaussures avant de partir.
            —— — — — les souliers —— — ——.
            L'enfant a mis **les souliers** avant de partir.

Construct a drill of six to eight items.

2. Répondez à l'affirmatif:

Exemple: A-t-elle haussé les épaules?
            Oui, elle a haussé les épaules.

Construct a drill of eight to ten items.

3. Repeat No. 2 in the negative.

4. Dites à quelqu'un:

Exemple: . . . qu'elle a levé la main.
            Vous avez levé la main.

Construct a drill of eight to ten items.

5. Demandez à quelqu'un:

Exemple: . . . s'il a mis la main dans la poche.
            Avez-vous mis la main dans la poche?

Construct a drill of eight to ten items.

6. Répondez en utilisant la réponse donnée:

Exemple: Qu'est-ce qu'il a rempli? (la poche)
            Il a rempli la poche.

Construct a drill of eight to ten items.

b. With reflexive pronouns

Construct drills similar to those under **a**.

c. With indirect object pronouns

Construct drills similar to those under **a**.

TESTING

For **a**, **b**, and **c**, construct drills similar to those under "Teaching."

PRONOUNS*

PRESENTATION

Utilizing students and classroom objects, and making appropriate gestures, give the following presentation:

C'est son livre (boy student).	C'est le sien.
C'est son livre (girl student).	C'est le sien.
C'est sa feuille de papier (boy student).	C'est la sienne.
C'est sa feuille de papier (girl student).	C'est la sienne.
Ce sont ses crayons (boy student).	Ce sont les siens.
Ce sont ses crayons (girl student).	Ce sont les siens.
Ce sont ses feuilles de papier (boy student).	Ce sont les siennes.
Ce sont ses feuilles de papier (girl student).	Ce sont les siennes.

After this phase of the topic has been learned, present and teach **le mien**, **le tien**, **le nôtre**, **le vôtre**, **le leur**, etc. in the same manner.

TEACHING

1. Dites à quelqu'un:

Exemple: . . . que vous avez rencontré le sien.
    J'ai rencontré le vôtre.

Construct a drill of ten to twelve items.

---

* See also "Demonstratives—Demonstrative Pronouns—**celui de**."

2. Demandez à quelqu'un:

Exemple: . . . s'il a fait la connaissance des vôtres.
           Avez-vous fait la connaissance des miens ?

Construct a drill of ten to twelve items.

3. Répondez en utilisant la réponse donnée:

Exemple: De qui est-il le frère ? (le mien)
           C'est le mien.

Construct a drill of fourteen to sixteen items.

4. Faites l'exercice suivant selon l'exemple:

Exemple: Connaissez-vous le frère de Jules ?
           Oui, je connais le sien.

Construct a drill of fourteen to sixteen items.

5. Mettez le pronom possessif au pluriel en faisant tout autre changement nécessaire:

Exemple: Le mien est plus important que le sien.
           Les miens sont plus importants que les siens.

Construct a drill of eight to ten items.

6. Mettez le pronom possessif au singulier en faisant tout autre changement nécessaire:

Exemple: Nous avons trouvé les vôtres très bonnes.
           Nous avons trouvé **la vôtre** très **bonne**.

Construct a drill of ten to twelve items, using some interrogative and some negative sentences.

7. Faites l'exercice suivant selon l'exemple:

Exemple: J'ai besoin de ma serviette. Et Jean ?
           Jean a besoin de la sienne.

Construct a drill of twelve to fourteen items.

TESTING

1. Construct drills similar to 4, 5, 6, and 7 under "Teaching," avoiding the maintenance of any sequence.

2. Faites l'exercice suivant selon l'exemple:

Exemple: Ils connaissent mes frères et les frères de Robert.
           Ils connaissent **les miens** et **ceux de Robert**.

Construct a drill of twelve to fourteen items.

XXXII. THE PRESENT TENSE*

FORMS

PRESENTATION

ALLER

The teaching of the present tense is a very early activity in the language course. In a purely audio-lingual course, avoiding all translations and the written word, it is necessary to select carefully verbs which can be pantomimed easily and whose meaning can be communicated to the learners without much difficulty. An audio-lingual methodology based upon the utilization of students and classroom objects facilitates considerably the teaching of verbs. **Aller** lends itself very well to this technique. Therefore, it is suggested that the teacher use the following presentation, making certain that the action accompanies or closely follows the statement, even helping the student physically to carry out such action.

Marie, allez à la porte.	Marie va à la porte.
Jean, allez à la porte.	Jean va à la porte.
Marie et Jean, allez à la porte.	Marie et Jean vont à la porte.
Marie et Louise, allez à la porte.	Marie et Louise vont à la porte.
	Marie et Louise, vous allez à la porte.
Jeanne, allez à la porte.	Jeanne, vous allez à la porte.
Jacques, va à la porte.	Jacques, tu vas à la porte.
	Je vais à la porte.
	Jeanne et moi, nous allons à la porte.

First conjugation

Fermer

Once the students have become aware of the principle of verb inflections and the technique of presentation employed in the teaching of **aller**, it is

---

* See also "Negation," "Interrogation," and "Reflexive Verbs."

relatively simple to teach **fermer**. The teacher should use pantomime again in the presentation. The following is suggested:

Anne, allez à la fenêtre.
Fermez la fenêtre.   Marie ferme la fenêtre.
Anne et Nanette, fermez la fenêtre. Anne et Nanette, vous fermez la
             fenêtre.
            Anne et Nanette ferment la fenêtre.
Agnès, fermez la fenêtre.   Agnès, vous fermez la fenêtre.
            Je ferme la fenêtre.
            Agnès et moi, nous fermons la fenêtre.

Second conjugation

Using **remplir le verre** with appropriate actions, follow the preceding format to present the second conjugation.

Third conjugation

Using **rendre le livre de Jean** (**Marie,** etc.) with appropriate actions, follow the format for **fermer** to present the third conjugation.

TEACHING

ALLER

1. Remplacez **allez** par la forme convenable du même verbe:
Exemple: Vous allez à la fenêtre.
    Je —— —— —— ——.
    Je vais à la fenêtre.
Construct a drill of six to eight items.

2. Mettez le verbe singulier au pluriel et le pluriel au singulier:
Exemple: Nous allons à la porte.
    Je vais à la porte.
Construct a drill of six to eight items.

3. Dites à quelqu'un:
Exemple: . . . que vous allez à la carte.
    Je vais à la carte.
Construct a drill of eight to ten items.

4. Répondez à l'affirmatif:

Exemple: Allez-vous au tableau ?
             Oui, je vais au tableau.

Construct a drill of six to eight items.

5. Répondez au négatif:

Exemple: Allez-vous au tableau ?
             Non, je ne vais pas au tableau.

Use the sentences in No. 4.

First, second, and third conjugation verbs

Use the same kind of drills as for **aller**, utilizing as well other regularly conjugated verbs that the students have met.

TESTING

ALLER and the regular conjugations

1. Mettez le verbe singulier au pluriel et le pluriel au singulier:

Exemple: Je ferme la fenêtre.
             Nous fermons la fenêtre.

Construct a drill of ten to twelve items.

2. Répondez à l'affirmatif:

Exemple: Vont-ils au tableau ?
             Oui, ils vont au tableau.

Construct a drill of ten to twelve items.

3. Répondez au négatif:

Exemple: Remplissez-vous le verre ?
             Non, je ne remplis pas le verre.

Construct a drill of ten to twelve items.

WITH DEPUIS

See "The **Depuis** Construction—Tenses with **depuis**."

XXXIII. QUANTITATIVE EXPRESSIONS*

PRESENTATION

Utilizing students, classroom objects, and pictures or drawings, give the following presentation:

> Marie a beaucoup de papier.
> Michel a beaucoup d'argent.
> J'ai beaucoup d'encre.
> J'ai mis assez d'encre dans le stylo.
> Nanette a mis peu de sucre dans le gâteau.
> On a mis trop de sel et de poivre dans la soupe.
>
> Antoine a peu de crayons.
> Il y a peu de jeunes filles dans la classe.
> Il y a assez de garçons dans la classe.
> Il y a autant de garçons que de jeunes filles.
> Nous avons fait un tas de choses.
> Elle a pas mal de choses à faire.
> Voulez-vous me donner un peu de papier?
> Combien de frères avez-vous, Raymond?

TEACHING

1. Remplacez **beaucoup** par les mots donnés en faisant tout autre changement nécessaire:

Exemple: Nous avons acheté beaucoup de viande.

—— —— —— peu — ——.

Nous avons acheté **peu** de viande.

Construct a drill of as many items as it seems desirable.

2. Repeat the above drill, replacing **viande** with **choses**.

---

* See also "The Partitive Construction—Partitive Pronoun **en**—Redundant Use of **en**"

3. Dites à quelqu'un:

Exemple: . . . que vous avez assez de vêtements d'été.
J'ai assez de vêtements d'été.

Construct a drill of ten to twelve items.

4. Demandez à quelqu'un:

Exemple: . . . s'il a autant de parents que vous.
Avez-vous autant de parents que moi ?

Construct a drill of ten to twelve items.

5. Répétez les phrases suivantes en y ajoutant les expressions données:

Exemple: Nous voulons de l'argent. (beaucoup)
Nous voulons **beaucoup d'**argent.

Construct a drill of ten to twelve items.

6. Construct another drill similar to No. 3, using all plural nouns after the quantitative expressions.

7. Répondez en employant l'expression donnée:

Exemple: Combien d'argent voulez-vous ? (beaucoup)
Je veux beaucoup d'argent.

Construct a drill of fourteen to sixteen items, using plural nouns toward the end of the exercise.

8. Enlevez l'expression de quantité en faisant tout autre changement nécessaire:

Exemple: Il y a trop de fromage dans le refrigérateur.
Il y a **du** fromage dans le refrigérateur.

Construct a drill of fourteen to sixteen items, using some plural nouns toward the end of the drill.

9. Mettez au négatif:

Exemple: Elle mange trop de pain.
Elle **ne** mange **pas** trop de pain.

Construct a drill of ten to twelve items.

TESTING

Construct drills similar to Nos. 5–9 under "Teaching," avoiding the maintenance of any sequence.

XXXIV. REFLEXIVE VERBS

PRESENTATION

Simple tenses

Affirmative

If students have had an audio-lingual introduction to French, they should know such expressions as **levez-vous** and **asseyez-vous**. With this as a starting point, using students, and making appropriate gestures, make the following presentation:

To the student	To the class
Jean, levez-vous.	Jean se lève.
Michel, levez-vous.	Michel se lève.
Marie, levez-vous.	Marie se lève.
	Jean, Michel et Marie se lèvent.
Henri, levez-vous.	Henri, vous vous levez.
Annette, levez-vous.	Annette, vous vous levez.
	Annette et Henri, vous vous levez.
Jeanne, lève-toi.	Jeanne, tu te lèves.
	Je me lève.
Jeanne, levons-nous.	Jeanne et moi, nous nous levons.

After the present indicative has been mastered, use other tenses.

Negative

> Je ne me lève pas de bonne heure.
> Tu ne te lèves pas de bonne heure.
> Il ne se lève pas de bonne heure.
> Elle ne se lève pas de bonne heure.
> Nous ne nous levons pas de bonne heure.
> Vous ne vous levez pas de bonne heure.

Ils ne se lèvent pas de bonne heure.
Elles ne se lèvent pas de bonne heure.

Interrogative

Est-ce que je me levais de bonne heure ?
Te levais-tu de bonne heure ?
Se levait-il de bonne heure ?
Se levait-elle de bonne heure ?
Nous levions-nous de bonne heure ?
Vous leviez-vous de bonne heure ?
Se levaient-ils de bonne heure ?
Se levaient-elles de bonne heure ?

Negative-interrogative

Est-ce que je ne me levais pas de bonne heure ?
Ne te levais-tu pas de bonne heure ?
Ne se levait-il pas de bonne heure ?
Ne se levait-elle pas de bonne heure ?
Ne nous levions-nous pas de bonne heure ?
Ne vous leviez-vous pas de bonne heure ?
Ne se levaient-ils pas de bonne heure ?
Ne se levaient-elles pas de bonne heure ?

Compound tenses

Affirmative

Je me lève.	Je me suis levé(e).
Tu te lèves.	Tu t'es levé(e).
Il se lève.	Il s'est levé.
Elle se lève.	Elle s'est levée.
Nous nous levons.	Nous nous sommes levé(e)s.
Vous vous levez.	Vous vous êtes levé(e)(s)(es).
Ils se lèvent.	Ils se sont levés.
Elles se lèvent.	Elles se sont levées.

Do the same for the other compound tenses.

Negative

Je ne m'assieds pas.	Je ne me suis pas assis(e).
Tu ne t'assieds pas.	Tu ne t'es pas assis(e).

Il ne s'assied pas.

Il ne s'est pas assis.

Elle ne s'assied pas.

Elle ne s'est pas assise.

Nous ne nous asseyons pas.

Nous ne nous sommes pas assis(es).

Vous ne vous asseyez pas.

Vous ne vous êtes pas assis(e)(es).

Ils ne s'asseyent pas.

Ils ne se sont pas assis.

Elles ne s'asseyent pas.

Elles ne se sont pas assises.

Do the same for the other compound tenses.

Interrogative

Est-ce que je me lave ?

Est-ce que je me suis lavé(e) ?

Te laves-tu ?

T'es-tu lavé(e) ?

Se lave-t-il ?

S'est-il lavé ?

Se lave-t-elle ?

S'est-elle lavée ?

Nous lavons-nous ?

Nous sommes-nous lavé(e)s ?

Vous lavez-vous ?

Vous êtes-vous lavé(e)(s)(es) ?

Se lavent-ils ?

Se sont-ils lavés ?

Se lavent-elles ?

Se sont-elles lavées ?

Do the same for the other compound tenses.

Negative-interrogative

Est-ce que je ne me lave pas ?

Est-ce que je ne me suis pas lavé(e) ?

Ne te laves-tu pas ?

Ne t'es-tu pas lavé(e) ?

Ne se lave-t-il pas ?

Ne s'est-il pas lavé ?

Ne se lave-t-elle pas ?

Ne s'est-elle pas lavée ?

Ne nous lavons-nous pas ?

Ne nous sommes-nous pas lavé(e)s ?

Ne vous lavez-vous pas ?

Ne vous êtes-vous pas lavé(e)(s)(es) ?

Ne se lavent-ils pas ?

Ne se sont-ils pas lavés ?

Ne se lavent-elles pas ?

Ne se sont-elles pas lavées ?

Do the same for the other compound tenses.

Agreement of the past participle

See also "Compound Tenses."

Je me suis lavé(e).

Je me suis lavé les mains.

Tu t'es lavé(e).

Tu t'es lavé les mains.

Il s'est lavé.

Il s'est lavé les mains.

Elle s'est lavée.

Elle s'est lavé les mains.

Nous nous sommes lavé(e)s.

Nous nous sommes lavé les mains.

Vous vous êtes lavé(e)(s)(es).
Ils se sont lavés.
Elles se sont lavées.

Ils se voient souvent.
Elles se voient souvent.
Nous nous voyons souvent.
Vous vous voyez souvent.

Ils s'écrivent toujours.
Elles s'écrivent toujours.
Nous nous écrivons toujours.
Vous vous écrivez toujours.

Je m'achèterai une voiture.
Tu t'achèteras une voiture.
Il s'achètera une voiture.
Elle s'achètera une voiture.
Nous nous achèterons une voiture.

Vous vous achèterez une voiture.
Ils s'achèteront une voiture.
Elles s'achèteront une voiture.

Je me faisais toujours mal aux genoux.

Tu te faisais toujours mal aux genoux.
Il se faisait toujours mal aux genoux.
Elle se faisait toujours mal aux genoux.
Nous nous faisions toujours mal aux genoux.
Vous vous faisiez toujours mal aux genoux.
Ils se faisaient toujours mal aux genoux.
Elles se faisaient toujours mal aux genoux.

Vous vous êtes lavé les mains.
Ils se sont lavé les mains.
Elles se sont lavé les mains.

Ils se sont souvent vus.
Elles se sont souvent vues.
Nous nous sommes souvent vu(e)s.
Vous vous êtes souvent vu(e)(s)(es).

Ils se sont toujours écrit.
Elles se sont toujours écrit.
Nous nous sommes toujours écrit.
Vous vous êtes toujours écrit.

Je me suis acheté une voiture.
Tu t'es acheté une voiture.
Il s'est acheté une voiture.
Elle s'est acheté une voiture.
Nous nous sommes acheté une voiture.

Vous vous êtes acheté une voiture.
Ils se sont acheté une voiture.
Elles se sont acheté une voiture.

Je me suis toujours fait mal aux genoux.

Tu t'es toujours fait mal aux genoux.
Il s'est toujours fait mal aux genoux.
Elle s'est toujours fait mal aux genoux.
Nous nous sommes toujours fait mal aux genoux.
Vous vous êtes toujours fait mal aux genoux.
Ils se sont toujours fait mal aux genoux.
Elles se sont toujours fait mal aux genoux.

Do the same for the other compound tenses.

Voilà les lettres qu'ils vous ont écrites.

Voilà les lettres que nous nous sommes écrites.

Où sont les chapeaux qu'elle vous a achetés ?	Où sont les chapeaux que vous vous êtes achetés ?
Quels disques leur ont-ils envoyés ?	Quels disques se sont-ils envoyés ?
Quels compliments leur a-t-elle faits ?	Quels compliments se sont-ils faits ?

TEACHING

Simple tenses

1. Remplacez **nous dépêchons** par la forme convenable du même verbe:

Exemple: Nous nous dépêchons toujours.

          Tu — ———— ————.

          Tu te dépêches toujours.

Construct a drill of six to eight items.

2. Dites à quelqu'un:

Exemple: . . . que vous vous habillez avant de descendre.

          Je m'habille avant de descendre.

Construct a drill of ten to twelve items.

3. Demandez à quelqu'un:

Exemple: . . . s'il se souvient de votre nom.

          Vous souvenez-vous de mon nom ?

Construct a drill of twelve to fourteen items.

4. Répondez en utilisant la réponse donnée:

Exemple: À quelle heure vous levez-vous ? (sept heures)

          Je me lève à sept heures.

Construct a drill of twelve to fourteen items.

5. Mettez au pluriel:

Exemple: Je me rappelle son nom.

          Nous nous rappelons son nom.

Construct a drill of twelve to fourteen items.

6. Mettez au singulier:

Exemple: Ils se connaissaient en peinture.

          Il se connaissait en peinture.

Construct a drill of twelve to fourteen items.

7. Mettez au négatif:

Exemple: Je me lave tout de suite.
           Je **ne** me lave **pas** tout de suite.

Construct a drill of twelve to fourteen items.

8. Mettez au négatif:

Exemple: Asseyez-vous, s'il vous plaît.
           Ne vous asseyez **pas**, s'il vous plaît.

Construct a drill of twelve to fourteen items.

9. Mettez à l'affirmatif:

Use the answers in No. 8 as the stimuli.

10. Faites l'exercice suivant selon l'exemple:

Exemple: Elle ne se tait pas.
           Elle ne veut pas se taire.

Construct a drill of twelve to fourteen items, using different simple tenses.

Compound tenses

Affirmative

11. Remplacez **me suis lavé** par la forme convenable du même verbe:

Exemple: Je me suis lavé avant de partir.
           Nous —— —— —— —— — ——.
           Nous nous sommes lavés avant de partir.

Construct a drill of six to eight items.

12. Do No. 11 in the pluperfect, future perfect, and the conditional perfect tenses.

13. Mettez au pluriel:

Exemple: Il se sera habillé avant de descendre.
           Ils se seront habillés avant de descendre.

Construct a drill of twelve to fourteen items.

14. Mettez au singulier:

Exemple: Elles s'étaient pressées pour arriver à l'heure.
           Elle s'était pressée pour arriver à l'heure.

Construct a drill of twelve to fourteen items.

15. Répondez à l'affirmatif:

Exemple: Vous êtes-vous rendu à la gare?
           Oui, je me suis rendu à la gare.

Construct a drill of twelve to fourteen items.

16. Répondez en utilisant la réponse donnée:

Exemple: Qui s'est arrêté devant votre maison? (Marie)
           Marie s'est arrêtée devant ma maison.

Construct a drill of twelve to fourteen items.

17. Mettez au passé composé:

Exemple: Je me couche de bonne heure.
           Je me **suis couché** de bonne heure.

Construct a drill of twelve to fourteen items.

18. Do No. 17 in the pluperfect, future perfect, and the conditional perfect tenses.

Negative

19. Mettez au négatif:

Exemple: Tu t'es rappelé les événements.
           Tu **ne** t'es **pas** rappelé les événements.

Construct a drill of twelve to fourteen items.

Construct drills similar to Nos. 11–18, but using the negative form of the verb.

Interrogative

20. Mettez à l'interrogatif:

Exemple: Il s'est mis à chanter.
           S'est-il mis à chanter?

Construct a drill of twelve to fourteen items.

Construct drills similar to Nos. 11–14 and 17–18, using the interrogative form of the verb.

Negative-interrogative

21. Mettez au négatif-interrogatif:

Exemple: Ils ne se sont pas trompés.
           Ne se sont-ils pas trompés?

Construct a drill of twelve to fourteen items.

22. Mettez au négatif-interrogatif:

Exemple:　Se sont-ils trompés?

Ne se sont-ils pas trompés?

Use the interrogative form of the sentences in No. 21 as stimulus.

23. Mettez au négatif-interrogatif:

Exemple:　Nous nous sommes couchés à minuit.

Ne nous sommes-nous pas couchés à minuit?

Use the positive form of the sentences in No. 21 as stimulus.

Construct exercises similar to Nos. 11–15 and 17–18 under "Affirmative," using the easier ones first.

Agreement of the past participle

Construct drills similar to Nos. 11–18, practicing the different aspects of the agreement of the past participle of reflexive verbs.

TESTING

Simple tenses

Construct drills similar to Nos. 3–10, under "Simple Tenses—Teaching," using affirmative, negative, interrogative, and negative-interrogative forms of verbs, as well as the different tenses (including the imperative), in the same exercise. Be sure to include different reflexive uses.

Compound tenses and the agreement of the past participle

1. Mettez au plus-que-parfait:

Exemple:　Vous en irez-vous avec vos parents?

Vous en étiez-vous allé avec vos parents?

Construct a drill of twelve to fourteen items.

For other drills, *see* Nos. 13–17, 19, 20, and 21–23, under "Teaching."

XXXV. RELATIVE PRONOUNS

QUI

PRESENTATION

As subject of the verb

Using students and classroom objects, make the following presentation:

Ce livre est à Marie.	Voici le livre qui est à Marie.
Ce livre est intéressant.	Voici le livre qui est intéressant.
Ce garçon connaît mes frères.	Voici le garçon qui connaît mes frères.
Cet homme est notre professeur de chimie.	Voici l'homme qui est notre professeur de chimie.
Cette porte est cassée.	Voici la porte qui est cassée.
Cette étudiante est très intelligente.	Voici l'étudiante qui est très intelligente.
Ces livres sont bons.	Voici les livres qui sont bons.
Ces garçons travaillent beaucoup.	Voici les garçons qui travaillent beaucoup.
Ces voitures sont chères.	Voici les voitures qui sont chères.
Ces jeunes filles partent pour Paris.	Voici les jeunes filles qui partent pour Paris.

As object of a preposition*

Je parlais avec cet homme.	Voilà l'homme avec qui je parlais.
Nous avons étudié avec cet élève.	Voilà l'élève avec qui nous avons étudié.
Elle s'en est allée avec cette dame.	Voilà la dame avec qui elle s'en est allée.

---

* See also **lequel, laquelle**, etc., below. In addition to pointing out to students the possibility of using a form of **lequel** for persons used as objects of prepositions, inform them that **lequel**, etc. must be used for persons when they are preceded by the prepositions **parmi** and **entre**.

Nous nous sommes disputés avec cette serveuse.

Nous avons assisté à la réunion avec ces médecins.

Ils sont venus à notre rencontre avec ces jeunes filles.

Je ne travaille pas beaucoup pour ce professeur.

Tu étais assis devant ces enfants.

Vous étiez debout derrière ce monsieur.

Nous étions entrés avant ces demoiselles.

Voilà la serveuse avec qui nous nous sommes disputés.

Voilà les médecins avec qui nous avons assisté à la réunion.

Voilà les jeunes filles avec qui ils sont venus à notre rencontre.

Voilà le professeur pour qui je ne travaille pas beaucoup.

Voilà les enfants devant qui tu étais assis.

Voilà le monsieur derrière qui vous étiez debout.

Voilà les demoiselles avant qui nous étions entrés.

TEACHING

As subject of the verb

1. Remplacez **le cahier** par les noms donnés:

Exemple: Voici le cahier qui est à Marie.

      —— le crayon — — — ——.

      Voici **le crayon** qui est à Marie.

Construct a drill of eight to ten items.

2. Construct a drill similar to No. 1, using persons as the subject of the relative clause.

3. Dites à quelqu'un:

Exemple: . . . que vous connaissez l'homme qui parle.

      Je connais l'homme qui parle.

Construct a drill of twelve to fourteen items.

4. Demandez à quelqu'un:

Exemple: . . . s'il a rencontré l'élève qui était dans la rue.

      Avez-vous rencontré l'élève qui était dans la rue ?

Construct a drill of twelve to fourteen items.

5. Faites l'exercice suivant selon l'exemple:

Exemple: Ce livre est à Marie.

      Voici le livre qui est à Marie.

Use the sentences under the presentation drill, above.

6. Joignez les deux phrases:

Exemple: Voici le garçon. Il aime lire.
            Voici le garçon **qui** aime lire.

Construct a drill of twelve to fourteen items.

7. Joignez les deux phrases:

Exemple: L'employé travaille dur. Il est là-bas.
            L'employé qui est là-bas travaille dur.

Construct a drill of twelve to fourteen items.

8. Répondez en utilisant la réponse donnée:

Exemple: Qui a dit cela? (Les gens qui le connaissent.)
            Les gens qui le connaissent ont dit cela.

Construct a drill of ten to twelve items.

As object of a preposition

9. Remplacez **l'homme** par les noms donnés:

Exemple: Voilà l'homme avec qui j'ai parlé.
            —— le monsieur —— — — ——.
            Voilà **le monsieur** avec qui j'ai parlé.

Construct a drill of ten to twelve items.

Construct drills similar to Nos. 3–8.

TESTING

For testing **qui** as subject of the verb and as object of a preposition, use drills similar to Nos. 5–7 under "Teaching".

QUE

PRESENTATION

Using students and classroom objects, make the following presentation:

Je veux ce livre-là.	Voilà le livre que je veux.
Nous lisons cette pièce-là.	Voilà la pièce que nous lisons.
Vous avez rencontré cet ami.	Voilà l'ami que vous avez rencontré.
Tu as blessé cette demoiselle.	Voilà la demoiselle que tu as blessée.
J'ai choisi ces cours.	Voilà les cours que j'ai choisis.

Vous avez écrit ces compositions.	Voilà les compositions que vous avez écrites.
Nous cherchons ces étudiants.	Voilà les étudiants que nous cherchons.
Tu as vu ces étudiantes au concert.	Voilà les étudiantes que tu as vues au concert.
Elle a reçu ce sac.	Voilà le sac qu'elle a reçu.
Elle a admiré cette parure.	Voilà la parure qu'elle a admirée.
Il va voir ce cousin.	Voilà le cousin qu'il va voir.
Il peut inviter cette jeune dame au bal.	Voilà la jeune dame qu'il peut inviter au bal.
Elles veulent acheter ces gants.	Voilà les gants qu'elles veulent acheter.
Ils ont l'intention de voir ces tantes.	Voilà les tantes qu'ils ont l'intention de voir.

TEACHING

Construct drills similar to Nos. 1–8 under "Qui—As Subject of a Verb—Teaching."

TESTING

Construct drills similar to Nos. 5–7 under "Qui—As Subject of a Verb—Teaching."

CE QUI

PRESENTATION

Qu'est-ce qui est sur la table ?	Dites-moi ce qui est sur la table.
Qu'est-ce qui est important ?	Dites-moi ce qui est important.
Qu'est-ce qui est intéressant ?	Dites-moi ce qui est intéressant.
Qu'est-ce qui vous gêne ?	Dites-moi ce qui vous gêne.
Qu'est-ce qui se passe ?	Dites-moi ce qui se passe.
Qu'est-ce qui est arrivé ?	Dites-moi ce qui est arrivé.
Qu'est-ce qui ne marche pas ?	Dites-moi ce qui ne marche pas.
Qu'est-ce qui vous a empêché de venir ?	Dites-moi ce qui vous a empêché de venir.
Qu'est-ce qui a contribué à sa chute ?	Dites-moi ce qui a contribué à sa chute.

TEACHING

1. Remplacez **vous gêne** par les expressions données:

Exemple: Dites-moi ce qui vous gêne.

—— — — — est intéressant.

Dites-moi ce qui **est intéressant.**

Construct a drill of twelve to fourteen items.

2. Do No. 1 again, replacing **Dites-moi** with **Savez-vous, Je sais, Je me demande,** etc.

3. Faites l'exercice suivant selon l'exemple:

Exemple: Qu'est-ce qui est sur la table?

Savez-vous ce qui est sur la table?

Use the sentences in the presentation drill.

4. Do No. 3 again, replacing **Savez-vous** with **Dites-moi, Je me demande, Je sais, Je ne sais pas,** or any other expression used in indirect discourse.

5. Faites l'exercice suivant selon l'exemple:

Exemple: Je sais ce qui vous intéresse.

Qu'est-ce qui vous intéresse?

Use the sentences in No. 3.

TESTING

Construct a drill similar to No. 3 under "Teaching." This topic may be more effectively tested after **ce que** has also been taught.

CE QUE

PRESENTATION

Qu'est-ce que vous cherchez?	Je ne sais pas ce que vous cherchez.
Qu'est-ce que vous regardez?	Je ne sais pas ce que vous regardez.
Qu'est-ce que nous étudions?	Je ne sais pas ce que nous étudions.
Qu'est-ce que tu admires ici?	Je ne sais pas ce que tu admires ici.
Qu'est-ce que tu dessines?	Je ne sais pas ce que tu dessines.
Qu'est-ce qu'il enseigne?	Je ne sais pas ce qu'il enseigne.
Qu'est-ce qu'elle discute?	Je ne sais pas ce qu'elle discute.

Qu'est-ce qu'ils ont écouté ?   Je ne sais pas ce qu'ils ont écouté.
Qu'est-ce qu'elles avaient emprunté ?   Je ne sais pas ce qu'elles avaient
                                             emprunté.

TEACHING

Construct drills similar to those under "**Ce qui**—Teaching."

TESTING

1. Faites l'exercice suivant selon les exemples:

Exemples: Qu'est-ce qui rend cette ville charmante ?
            Dites-moi ce qui rend cette ville charmante.

            Qu'est-ce que vous avez entendu dire ?
            Dites-moi ce que vous avez entendu dire.

Construct a drill of eight to ten items.

2. Faites l'exercice suivant selon les exemples:

Exemples: Les crayons sont sur la table.
            Dites-moi ce qui est sur la table.

            Nous lisons une pièce intéressante.
            Dites-moi ce que vous lisez.

Construct a drill of eight to ten items.

LEQUEL, LAQUELLE, ETC.

PRESENTATION

Utilizing students and classroom objects, make the following presentation:

J'écris avec ce crayon.   Voici le crayon avec lequel j'écris.
Je prends mes notes dans ce cahier.   Voici le cahier dans lequel je prends
                                         mes notes.
Il a mis l'argent dans ce tiroir.   Voici le tiroir dans lequel il a mis
                                         l'argent.
Elle avait placé les fleurs sur cette   Voici la table sur laquelle elle avait
table.   placé les fleurs.
Vous vous étiez mis à cette table.   Voici la table à laquelle vous vous
                                         étiez mis.

Tu as trouvé les verres derrière ces assiettes.

Voici les assiettes derrière lesquelles tu as trouvé les verres.

Ils étaient debout devant ces maisons.

Voici les maisons devant lesquelles ils étaient debout.

Elle a vu les chaussures sur ces rayons.

Voici les rayons sur lesquels elle a vu les chaussures.

Il a payé beaucoup d'argent pour ces bâtiments.

Voici les bâtiments pour lesquels il a payé beaucoup d'argent.

J'apporte un cadeau pour cet enfant.

Voici l'enfant pour lequel j'apporte un cadeau.

Nous sommes allés faire une promenade avec ces jeunes gens.

Voici les jeunes gens avec lesquels nous sommes allés faire une promenade.

Elle nous a vus à côté de ces dames.

Voici les dames à côté desquelles elle nous a vus.

Construct a presentation drill each for **à + lequel**, etc., **de + lequel**, etc.

TEACHING

1. Dites à quelqu'un:

Exemple: . . . que vous voulez le stylo avec lequel il a écrit.
        Je veux le stylo avec lequel **vous avez écrit.**

Construct a drill of twelve to fourteen items.

2. Demandez à quelqu'un:

Exemple: . . . s'il a aimé la conférence pour laquelle il est allé au musée.
        Avez-vous aimé la conférence pour laquelle **vous êtes allé** au musée ?

Construct a drill of ten to twelve items.

3. Faites l'exercice suivant selon l'exemple:

Exemple: J'ai mis les paquets derrière cette porte.
        Voilà la porte derrière laquelle j'ai mis les paquets.

Construct a drill of fourteen to sixteen items.

4. Joignez les deux phrases:

Exemple: Voilà la maison. Mon ami vivait dans la maison.
        Voilà la maison **dans laquelle** mon ami vivait.

Construct a drill of ten to twelve items.

Construct drills based exclusively on **à + lequel**, etc. and **de + lequel**, etc.

TESTING

Construct drills similar to Nos. 3 and 4 under "Teaching," using **lequel**, etc., and **duquel**, etc., avoiding the maintenance of a sequence.

DONT (DE + QUI, LEQUEL, LAQUELLE, ETC.)

PRESENTATION

Le garçon de qui vous parlez est mon frère.

Le garçon dont vous parlez est mon frère.

Le monsieur de qui vous avez vu la femme est notre oncle.

Le monsieur dont vous avez vu la femme est notre oncle.

Les professeurs de qui vous avez vu les classes sont excellents.

Les professeurs dont vous avez vu les classes sont excellents.

La femme de qui vous avez fait la connaissance est notre professeur de français.

La femme dont vous avez fait la connaissance est notre professeur de français.

Les femmes de qui vous avez rencontré les fils viennent d'arriver.

Les femmes dont vous avez rencontré les fils viennent d'arriver.

Le couteau duquel vous avez besoin est perdu.

Le couteau dont vous avez besoin est perdu.

La pièce de laquelle vous ne vous souvenez pas est **Le Cid.**

La pièce dont vous ne vous souvenez pas est **Le Cid.**

Les villages desquels vous avez mentionné les noms se trouvent en France.

Les villages dont vous avez mentionné les noms se trouvent en France.

Les villes desquelles vous avez vu des photos sont en Espagne.

Les villes dont vous avez vu des photos sont en Espagne.

L'homme du fils duquel vous avez entendu parler est notre professeur.

Le garçon pour la mère duquel je fais des courses demeure près d'ici.

La femme au mari de laquelle je me suis adressé est notre voisine.

Les messieurs avec les amis desquels nous chantions viennent d'Italie.

Les garçons pour les sœurs desquels nous avons apporté des fleurs sont nos copains.

Les jeunes filles avec les frères desquelles nous sommes allés au cinéma sont dans notre classe.

Les étudiantes devant la classe desquelles j'ai fait un discours sont très polies.

TEACHING

1. Remplacez **le garçon** par les mots donnés:

Exemple: Je connais le garçon dont vous parliez.

       — ——— la jeune fille ——— ——— ———.

       Je connais **la jeune fille** dont vous parliez.

Construct a drill of twelve to fourteen items.

2. Dites à quelqu'un:

Exemple: . . . que vous avez les notes dont il a besoin.

       J'ai les notes dont vous avez besoin.

Construct a drill of twelve to fourteen items.

3. Demandez à quelqu'un:

Exemple: . . . s'il veut vous présenter l'ami dont vous avez entendu parler.

       Voulez-vous me présenter l'ami dont j'ai entendu parler ?

Construct a drill of ten to twelve items.

4. Répondez en utilisant la réponse donnée:

Exemple: À qui avez-vous prêté la voiture ? (au garçon dont vous avez fait la connaissance)

       J'ai prêté la voiture au garçon dont vous avez fait la connaissance.

Construct a drill of twelve to fourteen items.

5. Joignez les deux phrases:

Exemple: Voici le garçon. Nous avons visité la maison.

       Voici le garçon **dont** nous avons visité la maison.

Construct a drill of twelve to fourteen items.

6. Construct a drill similar to the presentation drill, above.

7. Construct drills similar to Nos. 1–6, involving prepositions which precede **whose** or **of which** (*see* second presentation drill, above).

TESTING

Construct drills similar to Nos. 4 and 5 under "Teaching," avoiding the maintenance of a sequence, and including in each nouns introduced by **dont** which are used as subject and as object of the subordinate verb. Be sure to put in each drill also prepositions which precede **whose** or **of which** (*see* second presentation drill, above).

OÙ

PRESENTATION

Voici le tiroir dans lequel j'ai mis mes affaires.

Voici le tiroir où j'ai mis mes affaires.

Voici la salle dans laquelle se réunit la classe.

Voici la salle où se réunit la classe.

Nous sommes allés au théâtre auquel vous étiez allé la semaine dernière.

Nous sommes allés au théâtre où vous étiez allé la semaine dernière.

Ils nous avaient décrit les villes desquelles ils étaient rentrés.

Ils nous avaient décrit les villes d'où ils étaient rentrés.

C'est la ville d'Arcachon de laquelle il nous a envoyé du linge basque.

C'est la ville d'Arcachon d'où il nous a envoyé du linge basque.

TEACHING

Construct drills similar to Nos. 3–6, under "**Dont**—Teaching" above and to the presentation drill for **où**.

TESTING

Construct drills similar to Nos. 4 and 5 under "**Dont**—Teaching," and the presentation drill above, avoiding the maintenance of a sequence, and including everything in the testing drill under **dont** in the same drill with **où**.

XXXVI. THE SUBJUNCTIVE

FORMS

PRESENTATION

Present subjunctive

It is best to begin the presentation of the forms of the subjunctive with the second conjugation, because its difference from the indicative is most obvious.

> Il faut que je finisse ce travail.
> Il faut que tu finisses ce travail.
> Il faut qu'il finisse ce travail.
> Il faut que nous finissions ce travail.
> Il faut que vous finissiez ce travail.
> Il faut qu'ils finissent ce travail.

Do the same for first and third conjugation verbs, using **Il faut que je marche vite** and **Il faut que je rende son livre**.

Imperfect subjunctive

Use the same type of presentation as for the present subjunctive.

Perfect subjunctive

> Il regrette que j'aie échoué.
> Il regrette que tu aies échoué.
> Il regrette qu'elle ait échoué.
> Il regrette que nous ayons échoué.
> Il regrette que vous ayez échoué.
> Il regrette qu'elles aient échoué.

> Il regrette que je sois parti.
> Il regrette que tu sois parti.
> Il regrette qu'elle soit partie.
> Il regrette que nous soyons partis.

Il regrette que vous soyez parti(e)(s)(es).
Il regrette qu'elles soient parties.

Pluperfect subjunctive

Il regrettait que j'eusse échoué.
Il regrettait que tu eusses échoué.
Il regrettait qu'elle eût échoué.
Il regrettait que nous eussions échoué.
Il regrettait que vous eussiez échoué.
Il regrettait qu'elles eussent échoué.

Il regrettait que je fusse parti.
Il regrettait que tu fusses parti.

Continue the paradigm.

TEACHING

Present subjunctive

1. Remplacez **finissiez** par la forme convenable du même verbe:
Exemple: Il faut que vous finissiez la leçon.
            — —— — elle —— — ——.
            Il faut qu'**elle finisse** la leçon.
Construct a drill of six to eight items.

2. Mettez le verbe singulier au pluriel et le pluriel au singulier:
Exemple: Il faut que je choisisse un cours.
            Il faut que **nous choisissions** un cours.
Construct a drill of ten to twelve items.

3. Dites à quelqu'un:
Exemple: ... qu'il faut que vous punissiez votre frère.
            Il faut que je punisse mon frère.
Construct a drill of ten to twelve items.

4. Demandez à quelqu'un:
Exemple: ... s'il faut qu'il choisisse sa serviette.
            Faut-il que vous choisissiez votre serviette ?
Construct a drill of eight to ten items, using the sentences in the preceding
exercise.

5. Mettez au négatif:

Exemple: Il faut que je finisse ma composition.
Il **ne** faut **pas** que je finisse ma composition.

Construct a drill of eight to ten items, using the sentences in No. 3.

6. Mettez à l'affirmatif:

Exemple: Il ne faut pas que vous finissiez la lecture maintenant.
Il faut que vous finissiez la lecture maintenant.

Construct a drill of eight to ten items, using the sentences in No. 5.

Construct drills similar to Nos. 1–6 for the first and third conjugations, as well as for any irregular verbs.

Imperfect subjunctive

Use drills similar to Nos. 1–6, above.

Perfect subjunctive

Use drills similar to 1–6, above.

TESTING

Construct drills similar to Nos. 2, 4, and 5 under "Teaching," without maintaining a sequence and including regular and irregular verbs in the same drill.

IN NOUN CLAUSES

PRESENTATION

After impersonal expressions

Il faut que nous cherchions nos amis.
Il est nécessaire que nous cherchions nos amis.
Il est important que nous cherchions nos amis.
Il vaut mieux que nous cherchions nos amis.
Il est possible que nous cherchions nos amis.
Il est impossible que nous cherchions nos amis.

After verbs and expressions of doubt

Il doute que nous sachions la réponse.
Elle ne croit pas que nous sachions la réponse.

Croyez-vous que nous sachions la réponse?
Ils n'espèrent pas que nous sachions la réponse.
Espérez-vous que nous sachions la réponse?
Il n'est pas vrai que nous sachions la réponse.
Est-il certain que nous sachions la réponse?

Elle croit que nous savons la réponse.
Vous croyez que nous savons la réponse.
Ils espèrent que nous savons la réponse.
Il est vrai que nous savons la réponse.
Il est certain que nous savons la réponse.

After verbs and expressions of emotion

Nous sommes contents qu'ils soient ici.
Elle est ravie qu'ils soient ici.
Regrettez-vous qu'ils soient ici?
J'ai honte qu'ils soient ici.
T'étonnes-tu qu'ils soient ici?

After verbs of WILLING, WISHING, DESIRING, COMMANDING, ORDERING, APPROVING, DISAPPROVING, CONSENTING, PERMITTING, FORBIDDING, PREFERRING, etc.

Elle veut que nous allions au théâtre.
Désirez-vous que nous allions au théâtre?
Il ordonne que nous sortions maintenant.
Elle n'approuve pas que nous évitions le problème.
Consentent-ils à ce que vous partiez tout de suite?
Permets-tu qu'on voie vos peintures?
Il ne défend pas qu'on lise ses journaux.
Nous préférons que vous arriviez de bonne heure.
Je souhaite que vous réussissiez à votre examen.

TEACHING

After impersonal expressions

1. Répétez **que nous trouvions notre argent** après chaque expression donnée:

Exemple: Il faut . . .
        Il faut que nous trouvions notre argent.

Construct a drill of ten to twelve items.

2. Repeat No. 1, using **que vous choisissiez vos cours**.

3. Repeat No. 1, using **que tu entendes ce musicien**.

4. Placez **Il faut que** devant chaque phrase et faites tout autre changement nécessaire:

Exemple: Il est ici à l'heure.
            Il **faut qu'il soit** ici à l'heure.

Construct a drill of twelve to fourteen items.

5. Faites l'exercice suivant selon l'exemple:

Exemple: Allez-vous en France?
            Oui, parce qu'il faut que j'aille en France.

Construct a drill of eight to ten items.

After verbs and expressions of doubting

6. Mettez les phrases suivantes à l'interrogatif:

Exemple: Tu crois qu'il viendra.
            Crois-tu qu'il vienne?

Construct a drill of twelve to fourteen items, using **il est certain, il est sûr, il est clair, il doute**, etc.

7. Repeat the preceding exercise, asking the student to change the sentences to the negative.

After verbs and expressions of emotion

8. Placez l'expression donnée devant chaque phrase et faites tout autre changement nécessaire:

Exemple: Vous quittez la ville. (Elle est contente)
            Elle est contente que vous quittiez la ville.

Construct a drill of ten to twelve items. Use some negative and interrogative sentences as well.

After verbs of willing, etc.

9. Remplacez le verbe principal par l'expression donnée:

Exemple: Je sais que vous êtes malade. (Je regrette)
            Je regrette que vous soyez malade.

Construct a drill of twelve to fourteen items.

TESTING

All noun clauses involving the subjunctive

1. Répétez **que cela vous plaît** après chaque expression donnée en faisant tout changement nécessaire:

Exemples: Il est évident . . .
        Il est évident que cela vous plaît.
        Il se peut . . .
        Il se peut que cela vous plaise.

Construct a drill of twelve to fourteen items, using expressions involving doubt, emotion, will, etc.

2. Placez l'expression donnée devant chaque phrase et faites tout autre changement nécessaire:

Exemple: Nous sommes heureux. (Elle est contente)
        Elle est contente que nous soyons heureux.

Construct a drill of ten to twelve items, using some expressions that require the indicative, as in the preceding two exercises.

SEQUENCE OF TENSES

PRESENTATION

Elle est navrée que vous ne puissiez pas venir.
Elle est navrée qu'il vende sa maison.
Elle est navrée que tu ne viennes pas avec nous.
Elle est navrée que vous n'ayez pas pu venir.
Elle est navrée qu'il ait vendu sa maison.
Elle est navrée que tu ne sois pas venu.
Elle était navrée que vous ne puissiez pas venir.
Elle était navrée qu'il ne veuille pas l'accompagner.
Elle était navrée qu'ils n'aillent pas en France.
Elle était navrée que vous n'ayez pas pu venir.
Elle était navrée qu'ils ne soient pas allés en France.
Elle était navrée qu'il n'ait pas voulu l'accompagner.

Those who prefer to teach the sequence of tenses used in written, rather than spoken, French may do so by first presenting the imperfect and pluperfect subjunctives according to the patterns under "Forms" and then substituting those tenses in the second of the above two drills.

TEACHING

1. Mettez le verbe subordonné au passé du subjonctif:

Exemple: Elle ne croit pas qu'il parte tout de suite.
           Elle ne croit pas qu'il **soit parti** tout de suite.

Construct a drill of twelve to fourteen items.

2. Repeat the preceding exercise, asking the students to change the main verb to the imperfect, thus:

Mettez le verbe principal à l'imparfait en faisant tout autre changement nécessaire:

Exemple: Elle ne croit pas qu'il parte tout de suite.
           Elle ne **croyait** pas qu'il parte tout de suite.

3. Repeat the preceding exercise, asking the student to change the subordinate verb to the past, thus:

Mettez le verbe subordonné au passé du subjonctif:

Exemple: Elle ne croyait pas qu'il parte tout de suite.
           Elle ne croyait pas qu'il **soit parti** tout de suite.

Many of the earlier exercises may be used for the teaching of the sequence of tenses by changing the main or subordinate verb.

Those who prefer to use the imperfect and pluperfect subjunctives in dependent clauses may, of course, do so in lieu of the present and past subjunctives in sentences whose main verb is in the past.

TESTING

Use material from the teaching exercises under this topic. Include regular and irregular verbs, as well as affirmative, negative, interrogative, and negative-interrogative sentences. If the agreement of the past participle has been studied, put in sentences involving all the agreements that the students have learned.

IN ADJECTIVAL CLAUSES

PRESENTATION

Indicating desired characteristic

J'ai une maison qui est près de la bibliothèque.

Je cherche une maison qui soit près de la bibliothèque.

Il a un magasin qui est très chic.

Il cherche un magasin qui soit très chic.

Nous connaissons un monsieur qui sait très bien le français.

Nous voulons trouver un monsieur qui sache très bien le français.

J'ai un livre qui est plus grand.

Je veux un livre qui soit plus grand.

Voici un roman qui pourra l'intéresser.

Nous voulons acheter un roman qui puisse l'intéresser.

Je connais un homme qui vend sa maison.

Connaissez-vous un homme qui vende sa maison ?

Il a une sœur qui finit ses études à l'université.

A-t-il une sœur qui finisse ses études à l'université ?

Il y a une pièce où il s'agit de ce problème.

Y a-t-il une pièce où il s'agisse de ce problème ?

Tu as un dictionnaire qu'elle veut.

As-tu un dictionnaire qu'elle veuille ?

Following a negative antecedent

J'ai un livre qu'il veut.

Je n'ai pas de livre qu'il veuille.

Ils ont des amis qui veulent aller en France.

Ils n'ont pas d'amis qui veuillent aller en France.

Elle a une robe qu'elle peut porter ce soir.

Elle n'a pas de robe qu'elle puisse porter ce soir.

Il y a beaucoup de choses qui peuvent nous intéresser.

Il n'y a rien qui puisse nous intéresser.

Je connais quelqu'un qui est capable de cela.

Je ne connais personne qui soit capable de cela.

Nous avons vu des gens qui ont beaucoup d'argent.

Nous n'avons pas vu de gens qui aient beaucoup d'argent.

Following a superlative antecedent

Voici le meilleur poème que j'aie jamais lu.
Voilà la plus belle femme que nous ayons vue.
C'est la robe la plus chère qu'elle ait achetée.
Ce monsieur est le professeur le plus intelligent que nous ayons rencontré.
Ces élèves sont les plus brillants qu'il ait enseignés.
Ces dames sont les mieux instruites que je connaisse.

Following an indefinite antecedent

Qui est cet homme ?

Qui qu'il soit, je ne l'aime pas.

Qui est cette femme ?

Qui qu'elle soit, elle est charmante.

Qui êtes-vous ?	Qui que vous soyez, ne vous approchez pas de moi.
Qui es-tu ?	Qui que tu sois, ne me parle pas de cette façon.
Nous sommes des gens raisonnables.	Qui que nous soyons, nous ne pourrons pas les persuader.
Qu'est-ce que c'est ?	Quoi que ce soit, il ne m'intéresse pas.
Que veut-il ?	Quoi qu'il veuille, il ne l'obtiendra pas.
Qu'a-t-il trouvé dans la bibliothèque ?	Quoi qu'il ait trouvé dans la bibliothèque, il ne pourra pas s'en servir.
Où serez-vous ?	Où que vous soyez, téléphonez-moi.
Où l'a-t-il trouvé ?	Où qu'il l'ait trouvé, il peut l'y reporter.
Où sera la fête ?	Où que soit la fête, nous n'y assisterons pas.

TEACHING

Indicating desired characteristic

1. Remplacez **parle français** par les expressions données:

Exemple: Y a-t-il un garçon qui parle français ?
— ——— — ——— — sache l'espagnol ?
Y a-t-il un garçon qui **sache l'espagnol** ?

Construct a drill of ten to twelve items.

2. Dites à quelqu'un:

Exemple: . . . que vous voulez un copain qui soit intelligent.
Je veux un copain qui soit intelligent.

Construct a drill of ten to twelve items.

The same exercise may be done by beginning each question with **Demandez à quelqu'un si** instead of **Dites à quelqu'un que**.

3. Faites l'exercice suivant selon l'exemple:

Exemple: J'ai une maison qui est près de la bibliothèque.
Je cherche une maison qui **soit** près de la bibliothèque.

Construct a drill of ten to twelve items.

4. Formulez les questions qui exigent la réponse suivante:

Exemple: J'ai un livre qui est plus grand qu'un dictionnaire.
           Avez-vous un livre qui **soit** plus grand qu'un dictionnaire?

Construct a drill of ten to twelve items.

5. Répondez à l'affirmatif:

Exemple: Avez-vous un stylo que vous puissiez me prêter?
           Oui, j'ai un stylo que je peux vous prêter.

Construct a drill of ten to twelve items.

6. Faites l'exercice suivant selon l'exemple:

Exemple: Y a-t-il une maison qui soit assez grande pour eux?
           Voici une maison qui **est** assez grande pour eux.

Construct a drill of ten to twelve items.

Following a negative antecedent

7. Mettez au négatif en faisant tout autre changement nécessaire:

Exemple: Nous avons un livre que vous voulez.
           Nous n'avons pas un livre que vous **vouliez.**

Construct a drill of ten to twelve items.

8. Répondez au négatif:

Exemple: A-t-il une sœur qui finisse ses études?
           Non, il n'a pas de sœur qui finisse ses études.

Use the answers in No. 4 as the stimuli.

9. Construct drills similar to Nos. 1 and 2.

Following a superlative antecedent

10. Faites l'exercice suivant selon l'exemple:

Exemple: Voici le poème que j'ai lu. (meilleur)
           Voici le **meilleur** poème que j'**aie** lu.

Construct a drill of ten to twelve items.

11. Faites l'exercice suivant selon l'exemple:

Exemple: Connaissez-vous un homme riche?
           Oui, je connais l'homme le plus riche qu'il y ait au monde.

Construct a drill of ten to twelve items.

12. Construct drills similar to Nos. 1, 2, and 5.

Following an indefinite antecedent

13. Joignez les deux phrases:

Exemple: Qui est-ce ? Je ne l'aime pas.
           Qui que ce soit, je ne l'aime pas.

Construct a drill of ten to twelve items.

14. Construct drills similar to Nos. 1 and 2.

TESTING

Indicating desired characteristic

1. Faites l'exercice suivant selon les exemples:

Exemples: J'ai une maison près de l'école.
           J'ai une maison **qui est** près de l'école.

           Je cherche un étudiant intelligent.
           Je cherche un étudiant **qui soit** intelligent.

Construct a drill of eight to ten items.

Following a negative antecedent

2. Mettez la phrase positive à l'interrogative et l'interrogative au positive:

Exemples: J'ai un livre que vous voulez.
           Je **n'ai pas** de livre que vous **vouliez**.

           Ils n'on pas d'amis qui veuillent aller en France.
           Ils ont des amis qui **veulent** aller en France.

Construct a drill of eight to ten items.

3. Répondez en utilisant la réponse donnée:

Exemple: Pourquoi ne l'aide-t-on pas ? (Personne ne peut l'aider.)
           Parce qu'il n'y a personne qui puisse l'aider.

Construct a drill of eight to ten items.

Following a superlative antecedent

4. Joignez les deux phrases en faisant tout changement nécessaire:

Exemples: Voici le meilleur film. Je l'ai vu.
           Voici le meilleur film **que j'aie vu**.

           Voici un très bon enfant. J'ai fait sa connaissance.
           Voici un très bon enfant dont **j'ai fait** la connaissance.

Construct a drill of eight to ten items.

Following an indefinite antecedent

Construct a drill similar to the one under "Teaching" under the same topic.

IN ADVERBIAL CLAUSES

PRESENTATION

After certain conjunctions

Nous partirons de bonne heure pourvu que vous arriviez à l'heure.
Elle réussira pourvu qu'elle fasse de son mieux.
Je vous y verrai à moins que vous (ne) manquiez la réunion.
Attendez au coin pour qu'il puisse vous voir facilement.
Travailleras-tu jusqu'à ce que nous revenions ?
Ils ne l'aiment pas quoiqu'il soit leur voisin.
Je ne vais pas lui dire cela de peur qu'il soit blessé.

Continue as long as necessary.

Conjunctions versus prepositions

Je parle très fort pour être entendu.	Je parle très fort pour que le professeur m'entende.
Elle attendra pour vous voir.	Elle attendra pour que vous puissiez la rejoindre.
Nous lirons à haute voix afin d'apprécier le poème.	Nous lirons à haute voix afin que le poème soit apprécié.
Nous écrirons jusqu'à finir la lettre.	Nous écrirons jusqu'à ce que la lettre soit finie.
Il est parti sans rien dire.	Il est parti sans que je le voie.
Vous êtes-vous lavé avant de partir ?	Partirez-vous avant que nous (n')arrivions ?
Je ne dirai rien de peur de le froisser.	Je ne dirai rien de peur qu'il (ne) soit froissé.

TEACHING

After certain conjunctions

1. Remplacez **avant que** par les conjonctions données:

Exemple: Nous travaillerons avant qu'il (ne) vienne.
            —— ———— à moins qu'— ———.
            Nous partirons **à moins qu'**il ne vienne.

Construct a drill of six to eight items.

2. Répétez chaque phrase après **pour que** en faisant tout changement nécessaire:

Exemple: vous entendez la musique
                pour que vous entendiez la musique

Construct a drill of twelve to fourteen items.

3. Répétez **je vais au concert** après chacune des conjonctions données en faisant tout changement nécessaire:

Exemple: pour que
                pour que j'aille au concert

Construct a drill of eight to ten items.

4. Joignez les deux phrases par la conjonction donnée:

Exemple: Il sortira. Il reçoit l'argent. (pourvu que)
                Il sortira **pourvu qu'il reçoive** l'argent.

Construct a drill of ten to twelve items.

Conjunctions versus prepositions

5. Remplacez **aller le voir plus tard** par les expressions données:

Exemple: Je fais ceci maintenant pour aller le voir plus tard.
                — —— —— ———— —— gagner du temps.
                Je fais ceci maintenant pour **gagner du temps.**

Construct a drill of eight to ten items.

6. Dites à quelqu'un:

Exemple: . . . que vous travaillez pour réussir.
                Je travaille pour réussir.

Construct a drill of eight to ten items.

7. Demandez à quelqu'un:

Exemple: . . . s'il mange afin de vivre.
                Mangez-vous afin de vivre?

Construct a drill of eight to ten items.

8. Faites l'exercice suivant selon l'exemple:

Exemple: pour que nous puissions le faire
                pour pouvoir le faire

Construct a drill of ten to twelve items.

9. Joignez les deux phrases par la préposition donnée:

Exemple: Il partira maintenant. Il arrive à l'heure. (pour)
Il partira maintenant **pour arriver** à l'heure.

Construct a drill of ten to twelve items.

10. Construct drills similar to Nos. 1 and 2.

TESTING

After certain conjunctions

Construct a drill similar to No. 4, under "Teaching," including conjunctions that require the indicative (**parce que, car, comme, mais**, etc.).

Conjunctions versus prepositions

Construct a drill similar to No. 6, under "Teaching," including conjunctions as well as prepositions.

IN PRINCIPAL CLAUSES*

PRESENTATION

Vive la France!
Vive l'Amérique!
Vive l'amitié franco-américaine!
Vive la bonne compagnie!
Vive le bonheur!

Let the class memorize through repetition such expressions as **Plaise à Dieu! Ainsi soit-il! Sauve qui peut! Vogue la galère! Pas que je sache. Coûte que coûte. Advienne que pourra.**

TEACHING

1. Remplacez **France** par les mots donnés:

Exemple: Vive la France!
——— — Espagne!
Vive l'**Espagne!**

Construct a drill of eight to ten items.

---

* For indirect commands, see "The Imperative."

2. Remplacez **il soit malade** par les expressions données:

Exemple: À Dieu ne plaise qu'il soit malade.
                — —— — ——— — il m'abandonne.
            À Dieu ne plaise qu'**il m'abandonne**.

Construct a drill of eight to ten items.

Construct similar drills for other expressions enumerated above.

TESTING

Construct drills similar to those under "Teaching."

XXXVII. THE TIME OF DAY

PRESENTATION

This topic is best presented with a clock—real or made of cardboard. The teacher simply shows a given hour, says it, and has the class repeat it. In the absence of either of the two visual aids indicated, the teacher may write the hour on the board in numbers before saying it and having it repeated.

TEACHING

1. Dites à quelqu'un:

Exemple: . . . que vous vous levez à sept heures et demie.
Je me lève à sept heures et demie.

Construct a drill of twelve to fourteen items.

2. Donnez l'heure qui suit:

Exemple: Il est deux heures et demie.
Il est **trois heures et demie.**

Construct a drill of ten to fourteen items.

3. Donnez l'heure qui précède:

Exemple: Il est midi et demi.
Il est **onze heures et demie du matin.**

Construct a drill of ten to fourteen items.

4. Ajoutez quinze minutes à l'heure donnée:

Exemple: Il est huit heures vingt.
Il est **neuf heures moins vingt-cinq.**

Construct a drill of ten to fourteen items.

5. Enlevez dix minutes à l'heure donnée:

Exemple: Il est sept heures et demie.

           Il est **sept heures vingt**.

Construct a drill of ten to fourteen items.

TESTING

1. Show the hour on a clock, or write it on the board in numbers, and have the students say it in French.

2. Répondez par des phrases complètes:

Exemple: À quelle heure vous levez-vous ?

           Je me lève à ———— **heures**.

Construct a drill of ten to fourteen items.

3. Construct drills similar to Nos. 2–5 under "Teaching."

XXXVIII. WEATHER EXPRESSIONS

PRESENTATION

The best way to present this topic is through pictures or drawings. No particular order is necessary.

TEACHING

1. Remplacez **froid** par les mots donnés:

Exemple: Il fait froid aujourd'hui.
　　　　　— —— chaud ————.
　　　　　Il fait **chaud** aujourd'hui.

Construct a drill of eight to ten items.

2. Dites à quelqu'un:

Exemple: . . . qu'il fait du soleil aujourd'hui.
　　　　　Il fait du soleil aujourd'hui.

Construct a drill of ten to twelve items.

3. Répondez à l'affirmatif:

Exemple: Fait-il du vent aujourd'hui ?
　　　　　Oui, il fait du vent aujourd'hui.

Construct a drill of ten to twelve items.

4. Répondez au négatif:

Exemple: Neige-t-il aujourd'hui ?
　　　　　Non, il ne neige pas aujourd'hui.

Use the sentences in No. 3.

5. Demandez à quelqu'un:

Exemple: . . . s'il fait chaud en hiver.
　　　　　Fait-il chaud en hiver ?

Construct a drill of ten to twelve items.

6. Répondez en employant la réponse donnée:

Exemple: Quel temps fait-il aujourd'hui ? (beau)
              Il fait beau aujourd'hui.

Construct a drill of ten to twelve items, using different tenses and different seasons.

TESTING

Répondez aux questions suivantes:

Exemple: Quel temps fait-il aujourd'hui ?
              Il fait beau* aujourd'hui.

Construct a drill of ten to twelve items.

---

* Or whatever the appropriate expression for that day is.

INDEX